© 2018 Giulio Einaudi editore s.p.a., Torino
www.einaudi.it

ISBN 978-88-06-23760-8

Chandra Livia Candiani

Il silenzio è cosa viva

L'arte della meditazione

Giulio Einaudi editore

Indice

p. VII *In forma di prefazione*

Il silenzio è cosa viva

- 3 Un altro tipo di nascita
- 11 La stanza della meditazione
- 26 Aspettare
- 28 Inchinarsi fa bene alla terra
- 37 Cosí
- 38 Non lasciarmi in pace
- 50 Il silenzio onesto
- 51 La raccolta differenziata
- 56 L'attesa ardente
- 57 L'arte di meditare
- 65 Il sogno della realtà

p. 66	Cammino per sapere dove andare
75	Imparare a tremare
76	La gioia dell'etica
82	Niente
84	Quando la paura bussa, apri
100	Questo è il momento
101	I suoni del mondo. Le voci
106	Ricordati di essere vivo
107	La compassione per il dolore e la gioia per la gioia
116	Frantumi
119	Il vuoto
133	Quello che cercano i cani
134	*Nota al testo*
135	*Dediche*

In forma di prefazione

Quando si inizia ad avvertire qualcosa di piú grande di noi? Quando ho iniziato io a "meditare"?

Forse intorno ai nove anni, chiusa in bagno in ginocchio, mentre fuori gli adulti si stanno massacrando? Sfido un Dio di cui comincio a dubitare: «O vieni adesso e li fai smettere o non ti credo piú». L'orecchio fa uno strano rumore, come un cancello arrugginito che si apre o una serratura inceppata e una vasta prateria di silenzio si distende, nell'udito e nell'anima. Resto in ascolto, faccio nido. Esco, non è cambiato niente. È cambiato tutto. Sono un guerriero. Di pongo.

O forse quando la portinaia burbera, nell'atrio della mia casa, bisbiglia a una signora quasi sconosciuta che mi aveva portata al circo, con i suoi insopportabili, sorridentissimi nipoti, di portarmi via e colgo la parola "morto". Camminando svelta via di lí avverto che il mio petto di dieci anni è troppo stretto per contenere il male. Cammino lo stesso. Su ali di un vento per me, tutto per me. Condotta. La signora tace. La signora dice futilità. Il vento tiene.

O quando la maestra mi interroga, mi chiede di parlare del corpo umano e io inizio a tentoni: «Il corpo umano è fatto di... ossa, muscoli...» Esito, la maestra aggrotta le sopracciglia. «Ciglia e sopracciglia», aggiungo frettolosa. Risate mi pigiano giú, incatenata al pavimento, e la maestra inviperita: «Ma su, cosa circola nel corpo?» Una luce mi rischiara la mente: «L'anima!» Un silenzio generale mi circonda sopra, sotto, ai fianchi. «Vai a posto», dice la maestra allibita. Vado, pensando di essere stata bravissima, salvata dall'anima.

O a trent'anni in India, tra occidentali che hanno l'aria di "io so vivere", spiegazzata e disadatta, mi nascondo dietro i bambú e respiro. L'India entra dalle narici e divento vasta come l'aerodromo di Mumbai.

O quando in India partecipo al mio primo ritiro, non capisco la lingua, non capisco niente delle istruzioni, ma copio gli altri, incrocio le gambe e chiudo gli occhi: boh! E mi accorgo di un movimento di ritorno a un luogo dimenticato e sto bene, cosí vuotamente bene.

Forse la meditazione è una forma di disadattamento riconosciuta, un'ala che ti salva all'ultimo momento, una classificazione che all'improvviso ti fa specie.

Una cosa è certa, a me ha dato il corpo. Ho scoperto di respirare. Mi ha insegnato a sentire. Mi ha fatto percepire il momento e il luogo. Mi ha insegnato ad assaporare qualsiasi cosa stessi vivendo, senza esclusione. Mi ha messo al mondo.

Non avrei mai pensato di scrivere un libro di meditazione. Per me è quasi esclusivamente una pratica. Ho anche studiato i testi della tradizione, ascoltato tanti discorsi, letto libri antichi e moderni, ma quello che davvero resta è quel tocco, quell'invito, a fare orto della propria vita, coltivazione. Che dire? Bisogna aver fame e sete e a un certo punto spunta la fonte e l'albero di frutta. Mi sarebbe sufficiente che le parole di questi testi fossero per qualcuno l'eco di quel tocco, di quella speciale brezza che ti invita: «Mettiti in viaggio, vieni e vedi».

Come scrive Viktor Šklovskij in *L'energia dell'errore*: «Bisogna strapparsi alla propria casa, al calcolo sicuro sul domani o sul dopo domani, e prendere il volo per sé, per un'esigenza interiore, ma non come un uccello, perché gli uccelli seguono le vecchie vie; volar via come vola solo un uomo che lavora, che conosce il ritmo delle possibilità»[1].

Ho scritto per gratitudine, a un messaggio, a un'arte che mi ha fatto nascere di nuovo, amorevolmente, senza mai togliermi una briciola di dolore, aiutandomi ad assaporare tutto, appassionatamente.

---

[1] V. Šklovskij, *L'energia dell'errore*, Editori Riuniti, Roma 1984, p. 60.

Il silenzio è cosa viva

*A mia sorella Anna
e al gatto Zivago
che hanno imparato a volare.*

Un altro tipo di nascita

Forse non scriverò questo libro. Tre giorni fa è morta mia sorella. L'ultima rimasta. Non ho ancora cancellato il suo numero dal cellulare. Il momento piú brutto è il mattino. Appena sveglia. Appena svegli ci si pente. Non so di cosa. Non si sa se siamo stati preda della notte o se siamo stati noi i predatori del male per consegnarci sopravvissuti all'oblio. Pensa a un lupo assalito dal dubbio di essersi trasformato di notte in farfalla.

«Dove?» è la domanda della morte. Qual è il dove della morte? Lasciar depositare la notizia è un percorso lungo, che lo sappiano le ossa, gli organi, la pelle, gli strati di noi. Che si inserisca la notizia nella memoria, piano piano, senza l'esplosione del mattino. Lo chiamano lutto. Se accogli i suoi inviti, le sue chiamate a sentire la morte, interrompere tutto, sedersi o sdraiarsi e assaggiare l'assenza, allora è un dono. Se fingi che non ti chiami, se riempi ogni attimo di distrazione, ti fa a pezzi, brandelli di te che non stanno nell'intero del reale cambiato: aggiornare il file, con questo buco che vuole spazio, vuole ospitalità.

Spesso si pensa che la soluzione al dolore sia altrove, ma è nel dolore la soluzione del dolore, sentendolo, abitandolo, assaporandolo, a poco a poco diventa parte di noi, non piú un estraneo, ma un ospite scomodo, irruente, tempestoso e infine un amante e dopo la fine un pezzo di noi.

Quello che in questo momento sento nei confronti della pratica buddhista è la gratitudine che si prova per i doni estremi. Non mi chiede di essere esemplare, non mi chiede di essere eroica, non mi chiede di tendere a niente di ideale, non cancella, non acuisce, sta. Con me. Imparare a stare. Imparare a essere vasti e navigare ogni mare e scoprire tra onda e onda un porto. Provvisorio, rischioso, eppure proprio per questo affidabile, perché reale.

Di cosa vanno in cerca i cani? Non dire di cibo. Si sente che hanno perduto qualcosa e lo cercano ovunque col naso, col fiuto. Si sente che hanno mappe per l'assenza. Allora anch'io fiuto questo odore di alta montagna dell'assenza. Questa crepa che si allarga. Quando sarò tutta crepa, sarò di nuovo intera.

Che giorno è oggi? Senza numeri che giorno è? Lo chiedo al cuore, che significa a tutto il corpo sentito, alla precisione delle percezioni interne ed esterne: continuate pure a scappare, è la vostra natura. Io resto qua.

A scuola, nei seminari di poesia alle elementari, ho fatto spesso lavorare i bambini attorno a "Quello che resta" e ora resta per me la poesia di Monica, dieci anni, filippina:

Quello che resta

[...]
Abbiamo passato momenti
duri
ma poi
è uscito il sole
a darci felicità.
Noi siamo colline
e, piano piano,
ci abbassiamo.
Maestra,
il verbo restare
non è all'infinito[1].

---

[1] In *Ma dove sono le parole?*, a cura di Ch. L. Candiani con A. Cirolla, effigie, Pavia 2015, p. 133.

E un bambino albanese di dieci anni:

Quello che resta

A qualcosa ho detto addio
ad altre buongiorno
ma nel profondo di me
sono triste.
Sento qualcosa,
qualcosa di ruvido
e duro.
Qualcosa che si sbriciola subito
e si trasforma in polvere.
Qualcosa pesante
con buchi
e che mi taglia.
In noi non c'è piú
la paura di essere potenti
ma di essere spaventati
dalla luce.

Maestra, il verbo restare non è all'infinito. Buchi che mi tagliano. I bambini sí si lasciano scuotere dalla morte, abbattere. Da piccola, mi sembrava che gli adulti fossero troppo aggrappati, non si lasciavano strappare via abbastanza e guarivano troppo presto, non sentivano piú il mare dell'inconsistenza sotto i piedi, non erano marinai della morte. Oggi vorrei che la morte restasse uno scandalo. Lasciarci scuotere forte, stare muti davanti al mistero, è cosí per me che si accoglie l'inaccettabile, non accettandolo passivamente, ma lasciandosi squassare, ospitarlo.

Leggo in un dizionario che scandalo è un «Turbamento della coscienza collettiva provocato da una vicenda, da un atteggiamento o da un discorso che offende i principi morali correnti; la reazione di riprovazione e di sdegno, lo scalpore suscitato nell'opinione pubblica». La morte scandalizza la nostra visione autocentrata, il nostro tutto bene sempre, il nostro controllo. Ti prego morte, non lasciarti addomesticare, non diventare turistica, continua a farmi un assoluto male e dammi il mistero di te, di me, della non separatezza.

Scandalo è anche trappola, inciampo, impedimento. Una parola con radici multiple come le radici della morte. È urto ma è anche io zoppico. E oltre a queste radici greche, ne ha altre sanscrite che lo collegano a coperto, segreto, ma anche a scendere, cadere. Grazie lingua a brandelli del dopo scosse della morte, grazie di dire quello che già sentivo e non aveva nome. Anche la morte è una forma di etimologia. Nominami, dammi la radice.

Mia sorella è morta d'estate, a fine luglio. Ma era all'ospedale già da un mese e mezzo. Non tutti volevano avere notizie, gli rovinavano l'estate. Ho avuto rispetto, ho taciuto. E ora so che come tutti gli estremi la morte è spada, di qui chi è qui, di là chi è altrove. Io sono qui.

Eppure la morte è un altro genere di nascita. L'ho visto, non solo nel corpo di chi muore che cosí spesso diventa simile a un feto, ma anche in chi resta, si nasce di nuovo, si cambia pelle. Ricordo una vignetta, c'è un serpente sul lettino di uno psicoanalista che, dietro di lui, sta prendendo appunti. Sul pavimento una pelle di serpente vuota e il serpente dice: «Mi succede ogni volta che cambio».

Addio e buon viaggio sono due parole che mi aiutano nel commiato. Addio ha qualcosa di definitivo, di finale, ma insieme apre un orizzonte piú ampio, una visione dove io e tu vengono assorbiti in una vastità che dà vertigine ma è obbligatoria, si impone a noi e possiamo solo abbandonarci. E buon viaggio mi dà l'idea del dietro il muro, della prosecuzione nell'invisibile, fiducia nella scienza, nell'astrofisica che ci dice che piú del 95 per cento della materia dell'universo è invisibile.

Non so cosa diventerai, sorella mia, ma so che sei in viaggio. So che ogni viaggio disfa, so che ogni viaggio riconsegna. So che si torna sempre. So che c'è sempre una casa anche se non so com'è né dov'è.

Passeggiando nella brughiera, un'amica inglese mi ha raccontato una fiaba. Un bambino che vive in cima a una collina vede ogni sera, sulla cima di un'altra collina di fronte alla sua, una casa con i vetri tutti d'oro e pensa: "Quando sarò più grande, farò fagotto, partirò il mattino presto e forse verso sera arriverò alla casa dai vetri d'oro e allora sí... Ma adesso sono troppo gracile per quel lungo cammino, aspetterò di crescere". E passano gli anni e il bambino non smette mai di adorare da lontano la casa dai vetri d'oro e un bel giorno sente di essere abbastanza grande da poter partire. E cammina, cammina, cammina, suda sette camicie, le suole delle sue scarpe si fanno sottili come neve, la sua giacchetta si strappa, ma ecco che alle prime ombre della sera raggiunge la casa e... è una casa come tutte le altre, i vetri perfettamente trasparenti e incolori. Il bambino esausto e disperato sta per lasciarsi cadere a terra, quando, come per caso, si gira verso la sua casa lontana: i vetri sono tutti d'oro.

E il mio amico-angelo Angelo mi ha regalato una frase di Eduardo Galeano: «Beati gli ubriachi, perché vedranno Dio due volte». Mia sorella ha vissuto la vita dell'alcool, che le ha derubato la sua, la memoria, il sentire, la delicatezza, è rimasta solo l'affilatura dell'aggressività. L'alcool che era stato tra noi come un muro furioso, un incurante assassino, negli ultimi tempi, nella forzata disciplina dell'ospedale, è andato in frantumi. Ci siamo amate sulla soglia della fine; non ho mai detto: «Ecco, è perché tu…» Non ha mai accampato giustificazioni. Troppo tardi per qualsiasi logica della contrapposizione, e anche del chiarimento, è rimasto solo il linguaggio dell'amore senza ragioni.

Ti saluto sorella mia: buon viaggio, addio.

E addio anche a te Zivago, gatto scomodo e complicato, gatto specchio delle mie spine, fai buon viaggio e non pensare troppo a me.

La stanza della meditazione

> Pensate di andare a fare un viaggio,
> ma subito è il viaggio che vi fa o vi sfa.
> N. BOUVIER, *La polvere del mondo*.

Nella mia casa, c'è una stanza, né grande né piccola, vuota. È cosí da trentadue anni. Ci entro soltanto per sedermi in silenzio da sola e due volte a settimana con altre persone. Il pavimento è coperto da una moquette, un po' vecchia, azzurra, le pareti sono bianche, c'è una fila di cuscini su un lato della stanza, ci sono due finestre, poggiata a un supporto alto circa un metro, la testa di un Buddha di origine cambogiana simile a un Pierrot gentile e sereno, per terra due candele e una ciotola per l'incenso. In effetti, questa stanza è nata intorno a un gesto. Il gesto di inchinarsi, di poggiare la fronte a terra. Di scendere. È bello avere un gesto che si ripete ogni giorno, è come avere una cornice che resta ferma e al suo interno possiamo notare come tutto cambi, dentro e fuori di noi. Tenendo fermo il gesto, notiamo che un giorno lo facciamo con commozione, un giorno con rabbia, un giorno di fretta, un giorno siamo innamorati e un'altra volta non lo siamo piú, la vita ci ha toccato a fondo, la vita sembra trascurarci, e con tutto questo scorrere di eventi e di stati d'animo, insieme a tutto questo, noi c'inchiniamo.

Dopo anni di pellegrinaggi in India alla ricerca del mio sentiero interiore e di un modo per imparare a percorrerlo, tornata in Italia ho sentito il bisogno di non andare piú altrove. Sapevo che il cammino era in me, in un dentro molto prossimo al corpo, molto distante dal carattere, in un'intimità con me che andava oltre me, e volevo coltivare questa intimità in un luogo quotidiano, ordinario. Un luogo dove ripetere. Una stanza della mia casa (ma sarebbe bastato un angolo, un cuscino) rappresentava questa dimensione domestica della religiosità, un tempio casalingo. Pur continuando a nutrire l'anima seguendo come un fiuto insegnamenti e trasmissioni, ovunque, avevo bisogno di tornare a una spiritualità piú segreta, piú personale. Senza cercare esperti né volerlo diventare, aspiravo a un percorso e un sapere non divisi dal resto della vita e dunque della casa. Come dice una massima zen: «Non cercare i saggi, ma quel che i saggi cercavano».

Dopo dieci anni, sono arrivati anche altri pellegrini del sentiero. Ci sediamo insieme, condividiamo un luogo e una pratica. Sappiamo insieme, io non sono né un'insegnante né una maestra, ma una persona che pratica la Via da un po' di anni con tutto il cuore e questo amore per la Via è condivisibile. E naturalmente sappiamo che questo cammino non è l'unico. La definizione che preferisco di Via l'ho trovata in François Cheng: «[…] la Via, vale a dire la vita aperta»[1].

Avere in casa una stanza cosí cambia un po' l'esistenza, rende tutta la casa un po' diversa. In qualche modo, una parte di me sa che c'è uno spazio in casa dove si coltiva la fiducia. Fondamentalmente è questo che la frequentazione del silenzio e del lasciar essere le cose cosí come sono crea: fiducia. Non ha molta importanza in cosa, una fiducia radicale e insieme minimale, anche solo che ci sia un sentiero e che sia percorribile, che ci sia una stanza, che ci si possa sedere, che il dolore o la gioia possano stare seduti con noi, in noi, nella stanza, che possano essere compresi. Mi è capitato, in momenti di profonda sofferenza, di entrare semplicemente nella stanza e di

---

[1] F. Cheng, *Cinque meditazioni sulla bellezza*, Bollati Boringhieri, Torino 2007, pp. 13-14.

percepire tutte le ore passate lí seduta a coltivare la fiducia, era come se mi corressero incontro e mi abbracciassero. Quelle ore in quei momenti mi hanno confortata e sorretta. C'è un silenzio che da quella stanza esce e tocca le altre stanze. Spesso le persone che mi vengono a trovare sentono quel silenzio, lo notano, come qualcosa di sereno. Non è il mio silenzio e non è il silenzio di qualcun altro, ma incontrarsi e fare insieme silenzio fa nascere qualcosa. Qualcosa che resta. Il luogo lo registra, lo assorbe, si può sentirlo. Fa parte della pratica di meditazione buddhista non separare i mondi, non dividere quel che consideriamo spirituale da quel che riteniamo ordinario, cosí i gesti quotidiani di cucinare, lavare i piatti, telefonare, pulire, lavarsi, leggere, scrivere possono diventare forme di preghiera, nel senso di contatto con il silenzio, con la trascendenza: sono semplici gesti, sono solo quello che sono, eppure… Avere in casa un luogo della meditazione accende la consapevolezza piú spesso; c'è un silenzio pieno, vitale, felice che da lí dilaga e ricorda che il momento giusto è ora. Ti sveglia a praticare, proprio in questo momento, il saper di essere viva e aprirsi al suo mistero. Un bambino egiziano di dieci anni, in uno dei laboratori di poesia che tengo nelle scuole elementari, ha scritto:

«Il silenzio è l'allegria
rastrellata del nostro corpo».

Un tempo, tenevo la porta della stanza della meditazione chiusa, era un tempo in cui pensavo ancora di dover proteggere la (mia) interiorità, il silenzio, la pratica della meditazione, come se dovessi preservarli dal resto della vita. Forse era una fase importante, un po' come un albero gracile che si recinta per salvaguardarne la crescita; forse era un modo per esprimere la preziosità del luogo e della pratica che in quel luogo pian piano si svolgeva. Col tempo, ho sentito che la porta chiusa non solo preservava, ma anche separava, escludeva, interrompeva un flusso. E l'ho lasciata sempre aperta, si è creata una corrente tra la vita delle altre stanze e quella stanza vuota e silenziosa. Si sono arricchiti entrambi gli spazi, credo.

Nella mia casa vive anche un gatto, Zivago. Entra ed esce dalla stanza della meditazione, si fa le unghie sulla moquette, se ruba qualcosa va a mangiarselo lí, come un luogo salvo, un rifugio. Certe volte, entra quando sto meditando con altre persone, annusa le mani, fa un giretto, resta se gli va, altrimenti si dilegua. Una sera, una persona, sentendo di colpo il naso umido di Zivago sulla mano, lanciò un piccolo urlo e decidemmo di chiudere la porta. Il mattino dopo, al risveglio, entrando nella stanza, rimasi esterrefatta, sembrava che fosse nevicato, gran parte del pavimento era ricoperta di minuscoli pezzetti di carta igienica bianca, una visione. Sono rimasta a contemplarla per un po' sentendo che non era solo strabiliante, un interno con paesaggio innevato, ma che conteneva un messaggio. E seduta a meditare l'ho colto: una stanza che non accoglie un gatto è un gabinetto. Da allora, avverto gli altri dell'esistenza di Zivago, e non solo ora lui entra ed esce come gli pare, il suo insegnamento ha toccato il mio modo di avere a che fare con quella stanza. Il silenzio ha bisogno della vita quotidiana. Ha bisogno del rumore, dei gatti, degli urli, per sapere che sono una cosa sola. Basta stare nel piccolo e col piccolo, perché il grande si rivela da sé quando siamo attenti. E il percorso della comprensione passa lieve per tutta la nostra vita.

Nella stanza della meditazione, impariamo insieme a essere qui. Ci vuole del tempo e qualche indicazione perché ci si risvegli a dove è il corpo. Spesso, le persone hanno un concetto della meditazione come di qualcosa che si fa a occhi chiusi. Entrano nella stanza e subito chiudono gli occhi. Un po' come facevo io con la porta. Chiudere gli occhi fa sí entrare piú direttamente in contatto con quel che scorre in noi, ci raccoglie, ma, come sempre, non deve essere un gesto automatico e non si tratta di chiudere fuori il mondo. Spesso, invito le persone ad arrivare nella stanza, lí dove il corpo è già seduto, a raggiungerlo. E a osservare la stanza, che luce c'è, che atmosfera, come percepiamo gli altri seduti con noi, gli oggetti nella stanza e lo spazio vuoto. Niente di speciale, è il primissimo passo per coltivare quella che nel percorso di risveglio del Buddha si chiama consapevolezza. Essere tutti lí dove siamo. Quando siamo nel luogo, quando siamo qui, possiamo essere ora, esserci contemporanei e non antenati o posteri. Ascoltare come stiamo, assaporarlo. La stanza con i suoi muri, il suo pavimento, la sua aria vuota, ci fa da contenitore. Gradualmente, col tempo, man mano che ci apriamo a essere dove è il corpo e a sentire come stiamo in quel momento, il qui si dilata, diventa immenso, un luogo in cui la presenza dello spazio vuoto si estende fino a farci assaporare la spaziosità fondamentale in cui abitiamo, non solo la spaziosità della coscienza ma quella dell'universo stesso. E l'adesso non è piú il contingente, il senso del presente si amplia nel sapore della pura, nuda presenza. Niente di straordinario, si avverte solo e gradualmente quel che già esiste. Una volta, in un giardino con un gruppo di bambini, dissi: «Che bell'aria c'è oggi!» e uno di loro, fissandomi scandalizzato: «Perché chiami aria il cielo?» Solo allora, guardandomi i piedi intimidita, mi accorsi che il cielo arriva fino a terra.

Una stanza della meditazione è un luogo poetico, in senso letterale, il luogo di un fare, un particolare tipo di fare che in un certo senso consiste nello smettere di fare alcunché, nel disimparare. Nella stanza ci si siede con attenzione, con cura, cura per il cuscino, la sedia, lo spazio, lo spazio proprio e altrui, per il corpo. Ci si raggiunge, ci si accorge di essere seduti lí in quel momento. Si porta l'attenzione al respiro cosí com'è, si riceve il respiro. L'attenzione è morbida, tenera, eppure salda e determinata, simile a quella che avremmo per una farfalla: se la stringessimo, la uccideremmo, se non la tenessimo con attenzione, sfuggirebbe. Si smette dunque di affaccendarsi in azioni, pensieri, preoccupazioni per il futuro, ricordi del passato. Ci si acquieta, lasciando che i pensieri sorgano e passino come uccelli in un cielo vasto. E si disimpara a prendere parte e posizione, a essere a favore o contro questo e quello, a fare di sensazioni, memorie, desideri, pensieri dei concetti a cui credere indiscutibilmente e di cui poi convincere gli altri. È un luogo che si fa insieme, di per sé è solo una stanza vuota, né brutta né bella, piena di spazio, di possibilità. E quel che ne nasce assomiglia al luogo stesso, sono miracoli del noto, del cosí già tanto visto che lo si dà per scontato: sedersi, osservare l'ambiente senza essere rapiti dal commentatore interno che ce lo descrive e ce lo spiega, respirare, sentire il corpo e le sue sensazioni, chiedersi come sto, restare in attesa della risposta. Lasciare spazio intorno a questi gesti tanto ordinari, dargli una stanza, li fa brillare, permette che aprano un varco nell'oscurità in cui di solito viviamo, nel nostro quotidiano sonno. Allora, pian piano, si ricevono le visite della consapevolezza. La consapevolezza del piccolo esercitata con pazienza e continuità apre la porta a una consapevolezza sempre piú costante e piú profonda, non piú solo del corpo, ma anche del nostro funzionamento mentale, del nostro modo di ricevere e reagire al mondo, agli altri, agli eventi della vita, alla morte. Stare fermi fa conoscere i movimenti della mente. Ci apriamo. Ad accogliere. A non subire. A non interferire. Ad accogliere con fiducia qualsiasi cosa ci capiti. E questo non interferire, che permette il rivelarsi, apre la possibilità della comprensione e dello scioglimento.

Ho notato che lo spazio della stanza è molto simile allo spazio del cuore. Per noi occidentali, il cuore è il luogo delle emozioni, dei sentimenti, delle passioni. Nel Buddhismo si dice invece che un Buddha, un essere risvegliato, abbia il cuore vuoto, che significa spazioso, ampio, un cielo in cui le emozioni, gli affetti, i pensieri, le opinioni (in sanscrito cuore e mente sono un termine solo: *citta*) passano, ma non permangono, sorgono e svaniscono. La non-identificazione con le inaffidabili emozioni, i discontinui pensieri, illumina la fondamentale vacuità dello sfondo, della coscienza, la vivezza di uno spazio che riceve con freschezza l'esperienza senza interpretarla, né evitarla, senza aggiungere, senza togliere, nudamente. Una stanza vuota insegna a essere contenitore vuoto, ma pronto, capace, accogliente. L'abilità di stare in una stanza vuota è quella di rendere altrettanto vuoto il proprio cuore, lasciar cadere le proprie opinioni, deduzioni, pregiudizi, lasciar scivolare quelle degli altri su di noi, lasciare che si riveli lo spazio vuoto di abitudini, un'altra possibilità.

In una stanza della meditazione, si impara a stare soli insieme. Si viene invitati a stare con noi stessi, a lasciare che il corpo e il cuoremente rivelino da sé come stiamo, ma anche a percepire l'altro, a non ritirarsi, a non separarsi, a lasciar essere. E quello di cui ci si accorge allora, stando soli in compagnia, è che non esiste la *mia* consapevolezza, la *mia* pratica, ma un procedere insieme, un risvegliarsi insieme che è tutta una scoperta. È un modo d'incontrarsi senza perdersi né in sé né nell'altro.

Chi sono gli altri nella stanza di meditazione? Talvolta, si conosce appena il loro nome, si intravedono le facce e il corpo, di sera la stanza è quasi tutto il tempo illuminata solo dalle candele; è vero che c'è un tempo prima e dopo per incontrarsi informalmente, ma chiunque sente che non è quello il cuore dell'incontro. Nella stanza, non conta il nome, l'aspetto, il genere, la provenienza, la professione, lo stato civile e sociale, eppure c'è un incontro profondo. Spesso vedo nascere tra le persone un affetto originale e autentico, simile a quello fraterno. Quello che degli altri conosco di piú nell'esperienza della stanza è il loro silenzio. Il silenzio è un po' come la luce, bisogna affinare i sensi per accorgersi di quante diverse sfumature di luce in una giornata incontriamo. E cosí per il silenzio. Ci sono infinite varietà di silenzio. Ogni silenzio dice qualcosa. Nello stesso tempo, il silenzio è solo silenzio. Non esiste il silenzio mio o tuo. Fare silenzio insieme è una profondissima comunione. Le diverse esperienze di vita, i diversi stati d'animo possono creare complicità o avversione, il silenzio consapevole unisce. Il silenzio sa. Nel silenzio s'impara.

Una bambina filippina di nove anni:

> Io voglio sempre silenzio
> come un'ombra ferma.
> Io sono come una conchiglia, silenziosa.
> La conchiglia è come una clessidra
> che fa cadere sulla sabbia
> il mio piccolo autoritratto.

E un'altra bambina, dieci anni:

> Il silenzio è un vento,
> che passa attraverso noi,

una soffice e tenera aria,
il silenzio è caldo,
come una coperta morbida,
come un liscio e leggero foglio
che delicatamente diventa
il nostro piccolo silenzio.

Al silenzio si torna, come a un luogo conosciuto da tutti, da sempre. Una stanza in cui si fa silenzio è un luogo in cui s'impara ad accorgersi di quel che c'è già, a non trascurarlo, a non averne paura, a inoltrarsi, con fiducia, nel non-conosciuto. La stanza aiuta, è sempre lí, uguale, una sera siamo disperati, un'altra contenti, ci diciamo che va bene, ci diciamo che va male, la stanza sta. Cosí nel silenzio, senza nessuna presentazione, noi ci riveliamo tutti interi con i nostri veri nomi, generi, provenienze, lavori, amori, con i segni che tutto questo lascia in noi, con i segni che siamo.

Alla fine di una serata di meditazione, ognuno è invitato a dire com'è andata, come sta. Anche la parola sullo sfondo del silenzio e della stanza vuota ha una diversa consistenza: non c'è niente da dimostrare, nessun livello da raggiungere, semplicemente si dice com'è andata, difficoltà, dubbi, scoperte, gioie, passi, passaggi. E si ascolta. In una stanza senza appigli, si è meno distratti, è come un'eco che riproduce la voce dei nostri giudizi sulle parole degli altri, quella voce che spesso ci fa perdere la verità della loro esperienza.

Dunque, una stanza della meditazione è un rifugio che ci espone totalmente, come la consapevolezza, ci protegge, ci custodisce, ma ci rivela tutti interi a noi stessi. È una stanza che permette questo rivelarci, un luogo di cui potersi fidare, in cui potersi abbandonare, senza paura o insieme alla paura. Ricordo una persona, anni fa, che facendo un lavoro molto faticoso passava gran parte del tempo nella stanza a sonnecchiare anziché meditare. E quando, tutta vergognosa, ce lo confessò, io sentii di dirle che una stanza in cui poteva abbandonarsi al sonno doveva essere un luogo di cui si fidava. A poco a poco, senza fretta, il sonno lasciò il posto alla quiete.

Ho letto una storia di Chuang-tzu, Maestro taoista del IV secolo a.C.

«C'era un uomo che aveva paura della propria ombra e orrore delle proprie impronte. Cosí le sfuggiva correndo. Ma quante piú volte alzava il piede, tanto piú numerose erano le impronte che lasciava; e piú in fretta scappava, meno l'ombra l'abbandonava. Credendo di andare troppo piano, corse piú svelto senza mai riposare, finché, all'estremo delle forze, non morí. Egli non capiva che per far scomparire l'ombra bisogna rimanere nell'oscurità, che per far cessare le impronte bisogna rimanere nella quiete»[2].

Ecco, una stanza della meditazione non è un luogo esemplare, né dove essere esemplari, ma dove stare fermi nell'oscurità per conoscere la propria ombra e le proprie impronte. E per procedere oltre.

---

[2] Chuang-tzu, *La calma*, Oscar Mondadori, Milano 2007, p. 63.

Aspettare

L'assillo di dover capire equivale a un atteggiamento di cattura e di riduzione al già noto. Ma comprendere può essere invece ascoltare e aspettare. Peter Bichsel in *Quando sapevamo aspettare* scrive: «È possibile ascoltare bene solo quando si tollera di non capire»[1].

Seminare la meditazione, come pure seminare la poesia a scuola, tra i bambini, significa innanzi tutto invitare a tollerare di non capire, per imparare ad ascoltare e ospitare nel corpo. Incorporare è portare umilmente al corpo ancora e ancora quello che ascoltiamo, finché l'io si stanca e allora noi cambiamo, ci apriamo al non conosciuto. Abitando il corpo e ascoltandolo profondamente riportiamo a galla una memoria comune a tutti. Il sacro respiro che ci allaccia al mondo intero, quando ci perdiamo, ci raccorda a un'intensità

---

[1] P. Bichsel, *Quando sapevamo aspettare*, comma 22, Bologna 2011, p. 111.

d'essere esitante e vagabonda che fa casa, fa campo base. La meditazione, come la poesia, è una memoria. Memoria d'essere.

Soffriamo quando la bellezza in noi resta inespressa. Ascoltare, aspettare, ospitare nel corpo sono strumenti delicati per disincagliare e lasciar riaffiorare le radici della bellezza, una bellezza che non divide e non discrimina, che non appartiene a un'idea del bello separato dal brutto, uno sguardo che restituisce.

Inchinarsi fa bene alla terra

> Chi non si inchina mai a niente
> non saprà reggere il peso di se stesso.
>
> DOSTOEVSKIJ

Ci sono dei versi di Maḥmūd Darwīš che mi sembrano di una contemporaneità che fa arrossire: «Da me quanto dista la terra?»[1].

Una domanda da tenere cara e lasciar ricorrere in noi per sapere dove siamo in ogni momento di confusione o di separatezza dallo sfondo che ci anima.

Inchinarsi accorcia la distanza. Non conta solo a cosa ci inchiniamo, ma come, con quale intenzione e aspirazione, con quale orizzonte. Se è ampio e vasto almeno quanto la vita, ma magari un po' di piú, allora l'inchino ci mette al mondo, ci dà terra e rifugio.

Anche "rifugio" è una parola di una contemporaneità che fa arrossire. Nel Buddhismo è una pratica, è il primo passo per inoltrarsi.

Se mi inchino, mi testimonio come principiante e fragile, bisognoso di fare tana in ter-

---

[1] M. Darwīš, *Perché hai lasciato il cavallo alla sua solitudine?*, San Marco dei Giustiniani, Genova 2001, p. 193.

ra come i cani in metrò che si calmano solo quando scoprono che, seppure in movimento, il pavimento del treno è pur sempre terra, cioè cuccia. Il gesto del rifugio è verso terra, piegarsi con la fronte fino a toccarla. Terra nel mondo fluttuante. Chiedere rifugio. Si chiede rifugio quando si viene da un luogo pericoloso. Ci vuole l'ammissione del pericolo per poter chiedere rifugio. C'è un discorso del Buddha noto come «Il sermone del fuoco».

«O monaci, tutto brucia! E cosa brucia, o monaci?

La vista brucia, o monaci, le forme ed i colori bruciano, la coscienza visiva brucia, il contatto visivo brucia, e qualsiasi sensazione sorga in dipendenza dal contatto dell'occhio con i suoi oggetti – sia essa percepita come piacevole, spiacevole o neutra – anche questa brucia. Mediante cosa brucia? Brucia mediante il fuoco dell'attaccamento, il fuoco dell'avversione, il fuoco della confusione»[2].

E il discorso prosegue elencando tutti i sensi e i loro oggetti, compreso il sesto senso, la mente.

Cosí è il luogo da cui veniamo, in cui dimoriamo, un luogo bruciante, rischioso, inaffi-

---

[2] *Il sutra del fuoco*, in *La rivelazione del Buddha*, a cura di R. Gnoli, vol. I, *I testi antichi*, Mondadori, Milano 2001, p. 423.

dabile. Il primo passo è accorgersi e chiedere asilo a un luogo, *non* piú sicuro, non esistono luoghi sicuri, ma piú protetto. Questo luogo piú che un luogo è una Via. Ci rifugiamo in una Via, un cammino, ci facciamo nomadi per vocazione.

C'è qualcosa di geografico nel rifugio, come con un paese, una città, un mondo, è mio nel senso che gli appartengo: mio paese, mia città, mio mondo non luogo che mi appartiene ma a cui appartengo. Provvisorietà e rinnovamento costante del legame: ti chiedo ospitalità, accoglimi.

Ogni volta che mi dispongo a praticare la meditazione, che io sia sola o insieme ad altri, inizio, iniziamo, prendendo rifugio con il gesto dei tre inchini: mani giunte che si aprono a toccare terra quando anche la fronte la tocca. È un gesto atletico. Le mani giunte non sono tese, rappresentano il bocciolo di un fiore di loto, c'è aria, c'è spazio tra una mano e l'altra: lo spazio della possibilità di sbocciare, della crescita. Le mani unite cuciono quello che nel mondo bruciante teniamo sempre separato, dialogano. Tengono insieme maschile e femminile, lettera e simbolo, realtà e sogno, buio e luce, bene e male, logica e immaginazione e via dicendo con gli opposti di cui riempiamo il mondo fluttuante. Testimoniano un altro modo di pensare, non convenzionale, non dualistico. È un gesto atletico perché interrompe la verticalità, consegna a terra, al luogo madre, alla fonte dello spuntare nuovi e freschi. Inchinarsi è una via di accesso alle infinite possibilità che si aprono con l'ammissione del limite. È importante che mi inchini con tutta me stessa, cioè sentendo il gesto, la sua danza, il suo senso. È testimonianza: io non so. È offerta: addestrami il cuore. Chiedo asilo.

Tradizionalmente si chiede rifugio alle Tre Gemme: Buddha, Dharma, Saṅgha. Il Risvegliato, le cose cosí come sono, la comunità che risveglia.

C'è un racconto della vita del Buddha che mi tocca di bellezza.

Siddharta passa sette anni nella foresta a studiare se stesso, a meditare. Infine, contempla la verità della sofferenza, delle sue cause, della sua estinzione e del percorso di liberazione e si risveglia. Allora, cammina fuori dalla foresta, verso gli uomini. Incontra un uomo che, vedendolo luminosissimo, raggiante, lo avvicina e chiede: «Sei un dio?» «No», risponde il Buddha. «Sei un essere angelico allora?» «No», risponde il Buddha. «Un dèmone?» E al suo ennesimo diniego: «Allora sei un uomo come tutti?» «No, – risponde il Buddha, – io sono sveglio».

Io sono sveglio: un aggettivo che diventa un nome, una qualità che diventa determinante e porta a una modificazione totale del soggetto e della sua vita.

Mi piace che il Buddha sia un essere umano e non un dio né un angelo, e nello stesso tempo non sia proprio solo un uomo, ma un essere umano sveglio, fiorito. La sua testimonianza non chiede di credere in un dio, ma di avere fiducia nell'umano, nel percorso di un essere umano verso la sua fioritura. Il Buddha non è un dio in cui credere ma un uomo che crede in noi.

Quindi, il primo inchino è a quella parte di noi che preme per sbocciare, per andarsene dal mondo in fiamme e trovare scampo nel camminare sulla Via. Il secondo è la Via, le cose cosí come sono, l'evidenza, di solito nascosta dall'ovvietà, le cose come appaiono a un primo sguardo, cioè come radicalmente sono. Non come convenzionalmente le pensiamo e finiamo poi per guardarle, velate dalle nostre interpretazioni. E come sono? Nessuno ce lo dice, ma c'è un invito al viaggio: vieni e vedi.

Una massima zen dice:
«All'inizio le montagne sono montagne e le vallate sono vallate

poi le montagne non sono piú montagne e le vallate non sono piú vallate

alla fine le montagne sono montagne e le vallate sono di nuovo vallate».

E poi c'è la comunità, l'etica del non ritorno. Lasciarsi sostenere da chi ha guardato a lungo il fuoco, magari si è anche bruciato, e ora guarda dritto davanti a sé, fino a essere orizzonte. Niente può piú distrarlo, adularlo, non ha piú illusioni.

C'è una frase del Buddha su come vagliare ciò che ci viene insegnato: «Mettilo in pratica e se scopri che conduce a un tipo di saggezza che è come guardare un muro e poi il muro crolla e vedi in maniera sconfinata, allora puoi fidarti».

Fare comunità con chi ha passione per la sconfinatezza, per chi ce la insegna e non per chi ci spinge sempre di piú verso il fuoco. Spesso sono esseri scomodi, ci spingono all'aperto, a guardare dentro gli abissi, a non prendere rifugio in quello che si disfa, si crepa, si consuma, tramonta.

I rifugi ci espongono, indirizzano a un luogo molto aperto, da quel luogo si vede tutto, di noi, degli altri, delle radici avvelenate e di quelle sane, della nostra costante ricerca del piacere e fuga dal dolore, della nostra tenera e sprovveduta ignoranza. Noi costantemente ignoriamo, neghiamo, ci giriamo dall'altra parte; rifugiarci significa guardare fino a vedere in profondità e cambiare rotta. Nessuna visione è profonda se non porta a un cambiamento di rotta, a uno scampo che è deviazione dalla strada percorsa finora, fin qui.

Chiedendo rifugio chiedo esposizione, abito un tremito, vedo il fuoco ovunque, affermo una connessione sacra con il mondo: non è la terra a essere mia, io sono della terra, io sono terra.

Chiedo ospitalità, ascolto le voci del mondo, ne faccio parte, chiedo un'arte dell'abitare e del coltivare.

Inchinarsi è l'occasione di sostare su una soglia, un limite, un luogo di rischio, dove si incontra la verità dell'altro senza interpretazione. Il luogo dell'altro è il forse. Mi inchino per imparare a esitare, a sostare nel non sapere di te, lasciare che tu riveli chi sei.

Mi inchino per onorare la terra, riconoscerne il sostegno, offrirle la mia cura.

A molti fa paura inchinarsi, perché non sanno di essere già inchinati, in adorazione sonnambula delle proprie opinioni.

Da *Questa è l'acqua* di David Foster Wallace: «Ecco un'altra cosa vera. Nelle trincee quotidiane della vita da adulti l'ateismo non esiste. Non venerare è impossibile. Tutti venerano qualcosa. L'unica scelta che abbiamo è *che cosa* venerare. E un motivo importantissimo per scegliere di venerare un certo dio o una cosa di tipo spirituale – che sia Gesú Cristo o Allah, che sia YHWH o la dea madre della religione Wicca, le Quattro Nobili Verità o una serie di principi etici inviolabili – è che qualunque altra cosa veneriate vi mangerà vivi. Se venerate il denaro e le cose, se è a loro che attribuite il vero significato della vita, non vi basteranno mai. Non avrete mai la sensazione che vi bastino. È questa la verità. Venerate il vostro corpo, la vostra bellezza e la vostra carica erotica e vi sentirete sempre brutti, e quando compariranno i primi segni del tempo e dell'età, morirete un milione di volte prima che vi sotterrino in via definitiva. Sotto un certo aspetto lo sappiamo già tutti benissimo: è codificato nei miti, nei proverbi, nei cliché, nei luoghi comuni, negli epigrammi, nelle parabole; è la struttura portante di tutte le grandi storie. Il segreto consiste nel dare un ruolo di primo piano alla verità nella consapevolezza quotidiana. Venerate il potere e finirete col sentirvi deboli e spaventati, e vi servirà sempre piú potere sugli altri per tenere a bada la paura. Venerate l'intelletto, spacciatevi per persone in gamba, e finirete col sentirvi stupidi, impostori, sempre sul punto di essere smascherati. E cosí via»[3].

[3] D. F. Wallace, *Questa è l'acqua*, Einaudi, Torino 2009, p. 150.

Cosí

Cosí dovreste pensare di questo mondo fugace:
una stella al mattino, una bolla in un fiume;
un lampo in una nube estiva,
una luce tremolante, un fantasma, e un sogno.

Buddha, *Il sūtra del Diamante*[1].

[1] In Toni Bernhard, *Quando tutto cambia. Meditazioni sulla vita e sulla malattia*, trad. it. di Ch. L. Candiani, Mondadori, Milano 2012, p. 40.

Non lasciarmi in pace

La maggior parte di noi inizia un percorso meditativo in cerca di pace. Ma ben presto ci accorgiamo che quello con cui entriamo in contatto è il caos della nostra mente e la ristrettezza del nostro cuore. La pace non è la quiete, è piuttosto l'accoglienza dell'irrequietezza. La meditazione buddhista di visione profonda è un percorso che porta a guardare in profondità fino a vedere in trasparenza la condizione umana, non solo la propria, ma quella che attraverso le miriadi di differenze ci accomuna.

All'inizio, è necessario costruire un nido dentro di noi, traslocare dalla mente discorsiva che costantemente ci descrive i fenomeni e ci racconta tutto quello che siamo stati, che siamo e che saremo, a un nido di silenzio che sta in pieno corpo, è il cuore. Questo trasloco dà una forte sensazione di serenità, di quiete, di essere approdati in un paese senza guerra, e di voler chiedere asilo. Ma è un guaio pensare che quella serenità, quella quiete, siano permanenti ed equivalgano alla pace.

All'inizio del percorso, veniamo invitati a lasciar scorrere i pensieri come nuvole in un cielo ampio, a non credere ai pensieri, e a far ritorno alla consapevolezza, puntuale, precisa, delicata, del respiro. Impariamo a conoscere un amico che nasce con noi e con noi muore, il compagno discreto di tutta una vita che non consideriamo quasi mai. Il respiro è un sensore e imparare a entrare in relazione con lui, fino a una vera intimità, ci permette di conoscere il nostro mondo interno e quello esterno in modo assolutamente diverso dalla conoscenza mentale e anche da quella emotiva che ne avevamo prima.

Entrare in contatto con il respiro significa diventare saldamente delicati. Non catturare il respiro, non fargli la posta, ma avanzare con rispetto e avvicinarlo con cura, come faremmo con un essere selvatico rimasto a lungo solo. Deve abituarsi a noi e noi abituarci ad avvicinarlo non per modificarlo ma per conoscerlo. Si tratta di sentire il respiro che mi attraversa in questo momento e cosí, in pieno corpo, sapere di essere viva. Si tratta di rinascere e imparare tutto da capo. Partire dal fatto che qui c'è un corpo. Quindi percepirlo, sentirlo, abitarlo, senza pensare di esserlo, senza identificazione e insieme senza scissione. Non sono il corpo, ma qualcosa in me lo conosce, lo sente, lo percepisce senza pensare: "Mio!" Si entra in intimità, l'intimità è impossibile se sono l'altro, ma se l'altro è assolutamente altro da me è di nuovo impossibile. Si potrebbe dire quindi che la consapevolezza è una forma di amore.

La parola pāli da cui proviene è *sati*, che è ricordare, riportare al cuore. La parola "consapevolezza" è una bella traduzione, perché ha a che fare con il sapere-con, sapere insieme. La consapevolezza non ha un proprietario, è una facoltà umana condivisa, non basta sapere, è necessario sapere di sapere, con-sapere, ed essere consapevoli ci accomuna, la consapevolezza è di tutti e di nessuno. Se davvero sono consapevole, non c'è piú io, c'è solo puro conoscere senza proprietario.

La realtà è un flusso, un accadere che nasce nello spazio tra soggetto e soggetto, non c'è piú oggetto ma coscienza che anche l'altro è soggetto; entrare in contatto con quel flusso è sapere che la vita è viva e che ci si può abbandonare a essa, senza diventare passivi, ma anzi collaborando al suo svolgimento come un nuotatore esperto collabora con la corrente.

La postura della meditazione è una postura fisica: stiamo seduti a terra con un forte senso di radicamento, le ginocchia toccano il pavimento, le natiche sono appoggiate, la schiena è eretta, ma flessuosa, non rigida, il petto è aperto al mondo, all'infinito, le mani sono appoggiate con semplicità una sull'altra oppure sulle ginocchia, gli occhi sono chiusi o lo sguardo è abbassato e fuori fuoco, una vista periferica. Ma la postura è soprattutto una postura del cuore, senza la postura del cuore non c'è nemmeno quella del corpo o è forzata e rigida. La postura del cuore è: io sono qui, aperta a qualsiasi cosa sorga e mi visiti, sono radicata a terra, sento il suo sostegno, e insieme mi alzo verso il cielo, nello spazio, li cucio. Il respiro è il mio alleato, mi fa stare qui in questo momento che fugge, nel presente che non è un tempo, sono seduta come un gatto, pronto a lanciarsi nel mondo se necessario. Sono seduta per conoscere, non per fuggire in un mondo solo interno, in un oltre. Sono seduta perché tutto brucia di illusione e di incantamento e ora so che non voglio piú essere incantata, che voglio svegliarmi. Sono seduta e seguo umilmente e con pazienza il respiro perché so che pensare non dà soluzioni, solo aggiunge nuove narrazioni all'autonarrazione e la narrazione non è la vita. La voce dell'autonarrazione non è nostra, è convenzionale, antenata, è strategia di sopravvivenza. La postura è esporsi all'essere. Dunque, sedersi in meditazione, accogliere in silenzio il respiro, conoscere senza pensare, è un gesto politico. Ha una portata collettiva indelebile, mi trasforma e con me trasforma tutto il mondo attraverso il cambiamento del mio atteggiamento verso ogni fenomeno con cui entro in contatto, non solo mentre medito, la meditazione formale non è che una palestra, un laboratorio, ma sempre e ovunque, nella vita quotidiana che è l'unica che c'è.

C'è in noi una batteria fondamentale, è fatta di silenzio, di esitazione, di delicatezza, di compassione saggia, ha bisogno di essere ricaricata, ha bisogno di silenzio, di vuoto, di sospensione. Imparando a conoscere intimamente il respiro, ci accorgiamo che ha due pause, una breve tra inspirazione ed espirazione e una piú prolungata alla fine dell'espirazione, prima di inspirare di nuovo. Riuscire a sostare in questa pausa è come sostare nella terra della mancanza, senza cercare rimedi e cause, è entrare in contatto con il nostro fondamentale, radicale mancare e scoprire che dimorando nella sua precaria, sfuggente terra, ci ricarichiamo, siamo. Come dire che il sollievo che cercavamo correndo a riempire la mancanza, lo troviamo invece sentendola, abitandola.

La quiete che man mano si costruisce tornando con assidua e delicata cura al respiro non è però che il nido da cui partire e a cui tornare, non è la meta né la Via, solo un suo passo. Ci si affeziona facilmente a quella quiete, la si scambia per pace, si pretende di non lasciarla mai e si vive tutto quello che la disturba come nemico, si crede di poter prima o poi vivere in una bolla di serena separatezza da tutto il resto, dalla nostra stessa vita. La pratica della consapevolezza invece ci collega, ci connette, non piú attraverso le opinioni, le preferenze, i concetti, ma attraverso il respiro e la visione profonda e intuitiva che il sostare nella serenità fa sorgere. Nella sua opera *Totalità e Infinito*[1], Lévinas dice che vorrebbe sostituire al termine

---

[1] E. Lévinas, *Totalità e Infinito. Saggio sull'esteriorità*, Jaka Book, Milano 1977, p. 264.

"concetto", qualcosa che viene afferrato, la parola "carezza", qualcosa che sfiora senza prendere, qualcosa che scorre. La carezza è «marcia verso l'invisibile», perché la carezza «non sa cosa cerca». Questo è il giusto tocco a cui ci addestriamo nei confronti di noi stessi e degli altri, conoscere accarezzando, lasciandoci accarezzare dal respiro, lasciandoci toccare dalla vita. Certe volte saranno strattoni, sberle, scosse, ma se impariamo a lasciarci scuotere, ad andare con la corrente, la carezza sarà presente come metodo, modo di accogliere.

Non cerco un percorso per essere lasciata in pace e, se anche lo conoscessi, non lo insegnerei mai. È meraviglioso lasciarci disturbare dalla vita, dagli altri e nello stesso tempo non restarne schiacciati. Non si tratta di essere imperturbabili, ma imperturbati dal turbamento, accogliere ogni visitatore, e si sa, i piú scomodi e molesti hanno grandi doni in tasche nascoste. E accogliere non è accettare, si può accogliere l'inaccettabile, e poi ci si può piú efficacemente ribellare, spingere via, scappare, denunciare, quando è necessario. Si è vivi e saper dire o urlare: «No!» è una delle facoltà umane piú onorevoli.

C'è una bellissima parola negli scritti del Buddha: *nibbidā*. Significa "sereno disincanto". Di solito, noi siamo sereni quando siamo incantati, illusi, e quando ci ridestiamo, ci disincantiamo, diventiamo amari, cinici, sfiduciati. Ma in questa parola c'è un invito che, come in tutte le parole del Buddha, è anche un percorso e una visione. Il disincanto può essere sereno perché ci aspetta l'incantevole realtà, la serenità profonda dell'abbandonarsi a e non dell'essere abbandonati da. Tutto scorre e posso abbandonarmi allo scorrere, anziché costantemente lottare con la corrente, posso entrare nella corrente, farne parte.

È una riduzione pericolosa e ingrata quella di limitare il pensiero complesso e radicale del Buddha alla sola disciplina della meditazione, ed è un depistamento altrettanto rischioso farne un'ennesima erudizione, un altro dei nostri saperi separati. La meditazione è solo uno degli otto passi del sentiero che il Buddha non ha tracciato ma rintracciato nel folto della foresta: «È come se un uomo, andando per il bosco di un declivio, scoprisse un'antica strada già percorsa da uomini d'altri tempi, e, seguendola, scoprisse un'antica città, un'antica capitale già abitata da uomini d'altri tempi, adorna di giardini, di parchi, di laghetti, munita di mura, incantevole. Similmente, o bhikkhu, io ho scoperto un antico, retto sentiero, io l'ho seguito e, seguendolo, ho compreso invecchiamento e morte, ho compreso l'origine, la dissoluzione di invecchiamento e morte, e la via che conduce alla dissoluzione di invecchiamento e morte»[2].

Se li leggiamo di seguito, scopriamo che i passi dell'Ottuplice Sentiero coprono tutta la nostra vita: retta visione, retta intenzione, retta parola, retta azione, retto modo di guadagnarsi da vivere, retto sforzo, retta consapevolezza, retto raccoglimento. Qualsiasi istruzione di pratica, anche la piú elementare, dovrebbe contenerli tutti: tornando al respiro, distraendomi, ritornando, contengo un'intera visione del mondo e della condizione umana, non solo seguo un'istruzione che acquieta. Stare con un solo respiro alla volta significa entrare in un progetto di totale rivolgimento e piano piano sorgeranno momenti in cui vorremo scappare, e ci racconteremo tante storie diverse per non dirci: io non voglio cambiare, giú le mani, questo non si tocca, lasciami in pace. E ogni volta ci troveremo

---

[2] *Saṃyutta Nikāya. Discorsi in gruppi*, a cura di V. Talamo, *Nidana-vagga*, 65, Ubaldini, Roma 1998, p. 246.

davanti alla possibilità di proseguire coltivando il cambiamento o di fermarci coltivando l'attaccamento al carattere, alla personalità già costruita e che vogliamo immutabile per non fare esperienza della sua inconsistenza, della precarietà dell'essere.

La visione del Buddha nasce da una prima Nobile Verità, una Verità che non è in vendita, ma va conquistata con lealtà di sforzo e ampiezza di orizzonte, compresa con intenzione altruistica di condivisione, una Verità che non dà alcun guadagno mondano: c'è la sofferenza.

Un'evidenza nascosta dall'ovvietà. Certo che lo sappiamo che c'è la sofferenza. Ma dove lo sappiamo? Nel pensiero, nella mente che non permette il cambiamento, la rivoluzione interiore. Se davvero sapessimo che la sofferenza c'è, lo sapremmo con il corpo, lo sapremmo con il cuore, e sapremmo anche che va sentita, che affidabile è solo un metodo che insegna a sentire e che non ci sono vie di fuga né scorciatoie. Imparare a soffrire, a sentire la sofferenza nel corpo, nel cuore e a riflettere in profondità è la soluzione della sofferenza, il suo dissolvimento. Solo se sento la sofferenza, posso sentire anche la gioia e tutte le sfumature dell'essere viva. Se scappo dalle sensazioni scomode, mi sfuggiranno anche le altre sfumature dell'essere al mondo, comprese le piú liete e festose. E c'è una seconda Nobile Verità: c'è una causa della sofferenza ed è la brama, la sete che crea l'attaccamento al piacevole e la fuga dallo spiacevole, in qualunque forma si presentino, fisica, psicologica, spirituale; perché anche il piacere sottile, la sensazione di non essere che si può sperimentare in meditazione, crea brama e illusione.

La terza Nobile Verità dice che la fine della sofferenza esiste e consiste nel lasciar andare la sua causa, è la rinuncia alla brama. Il Buddha diceva: insegno una cosa sola, la sofferenza e la fine della sofferenza. Beh, grammaticalmente sarebbero due… Ma se so che la sofferenza c'è, se mi addestro a sentirla, se vedo in profondità la sua causa, la fine della sofferenza arriva da sé. E la Quarta Nobile Verità è il metodo: praticare in ogni aspetto della nostra vita, fare della nostra vita il nostro libro di testo, il nostro laboratorio. L'insegnamento non è una cosa esterna, è il mio stesso vivere, illuminato dall'insegnamento, una luce forte, se resisto sembra spietata, se abituo lo sguardo, vedo il disincanto e non posso piú illudermi, cambio rotta senza rimpianto, senza sacrificio: ho visto.

Diceva Buddhadhasa, Maestro thailandese: «La sofferenza è un rospo, ma ha in testa uno splendido diamante: solo nella sofferenza si può sperimentare la fine della sofferenza».

Il silenzio onesto

Non tutti i silenzi sono uguali. Come, grazie alla consapevolezza del vivere, si diventa sensibili alla luce, alle diverse sfumature di luce in diversi luoghi, in differenti momenti della giornata e delle stagioni, cosí si colgono miriadi di sfumature nei silenzi nostri e altrui, silenzi umani, silenzi degli animali, degli alberi, silenzi minerali.

Il silenzio non è tacere né mettere a tacere, è un invito, è stare in compagnia di qualcosa di tenero e avvolgente, dove tutto è già stato detto. Il silenzio sorride.

Caro silenzio, aiutami a non parlare di te, aiutami ad abitarti. Addestrami. Disarmami. Tu mi insegni a parlare. Eccomi, mi lascio rapire. Non lascio niente a casa, niente di intentato. Ci sono. In te. Arte del congedo per ritrovare.

Arte dell'a-capo che insegna a lasciarsi scrivere. Il silenzio semina. Le parole raccolgono.

Il silenzio è cosa viva.

La raccolta differenziata

Tutto quello che sentiamo è legittimo sentirlo, è vero e contiene grandi possibilità di recupero e di fertilità. La meditazione non deve essere una tecnica di scarto di ogni nostra esperienza come di indifferenziati rifiuti. Siamo attraversati da ricordi, sensazioni, emozioni, pensieri, anticipazioni, perché dovremmo buttarli via senza alcun senso di riconoscimento? In nome di quale pace intesa come assenza di vita? Nello stesso tempo, sappiamo che essere rapiti dai pensieri, sommersi dalle emozioni, agiti dagli impulsi porta solo alla confusione e a nuova sofferenza. Sappiamo anche che se è legittimo sentire quel che sentiamo non è sempre legittimo esprimerlo o agirlo, ma sentire e conoscere sono modi per discernere meglio in cosa consista la definizione che il Buddha dà del cammino: smettere di fare il male, fare il bene, purificare la mente. Per purificare la mente occorre vederne gli inquinanti e da questo consegue l'assaporare il male e aspirare a smettere di farlo e assaporare il bene e volerlo coltivare. Purificare la mente significa allargarne i confini e accorgerci che fare del male all'altro equivale a fare del male a noi stessi e fare del bene all'altro equivale a farlo a noi. Tutto questo accade assaporando.

Meditare non è solo acquietare, è raggiungere un campo base di quiete per poter guardare in profondità gli abissi, le pianure, le cime, le distese d'acqua, le rapide, i paesaggi interiori ed esteriori che vivere porta con sé. Come il mare: ha i suoi fondali e le sue onde, certe volte piatte, certe volte burrascose, ma tutto è mare, la quiete del fondale e l'energia delle onde.

Esiste anche dentro di noi la biodiversità, non solo ne facciamo parte. Onorare tutto quello che ci attraversa senza diventarne preda è per me meditare e non farsi cacciatori con il fucile puntato contro ogni pensiero per raggiungere una quiete che è solo sospensione delle turbolenze mentali ed emotive. Essere al mondo è un continuo impatto sensoriale, possiamo sospenderne la forza di tanto in tanto, ritirandoci, per meglio conoscere le condizioni del mare e quelle della navigazione, ma restare sempre ancorati nel porto non è conoscenza, solo rassicurazione e fuga.

La meditazione è ecologia, arte di abitare il pianeta, la mente e il cuore. Mi piace quindi chiamare "raccolta differenziata" la fase del cammino di meditazione in cui impariamo a guardare dentro il nostro corpo e la nostra mente-cuore senza sospetto né ostilità, con delicatezza e tenerezza. E con precisione. È saggio e utile saper distinguere nel campo aperto o nel cielo vasto della coscienza cosa ci sta attraversando: questa è una sensazione fisica, la accolgo e la assaporo; questo è un pensiero, lo percepisco, ne assaporo la scia che lascia, il suo com'è; questa è un'emozione, sento quali parole la accompagnano, quali sensazioni, sento la sua composizione, la assaporo. Le domande guida sono: «Dove sei? Dove ti sento?» e: «Come sei? Quale tonalità porti con te?» In questo sostare con il variare dei fenomeni, seguendoli, lasciandoli essere e poi svanire, si apre un grande spazio, si percepiscono i bordi luminosi e sfumati di ogni stato mentale ed emotivo, la loro impersonalità.

Se accolgo ogni visitatore, lo differenzio dagli altri, lo raccolgo perché ha in sé la sua specifica fertilità o possibilità di rinascita, di riciclo, allora nel flusso del qui e ora si apre l'infinito. Si tratta di sentire ogni fenomeno non come "mio", ma come fenomeno e basta, come avventura rivelante uno sfondo di pace. Quello sfondo che accoglie e lievemente sorride, quello sfondo equanime sí è pace e non ha condizioni se non un costante accogliere, un'ospitalità assoluta che non trattiene.

Il presente non è il contingente, il presente conserva in sé tutto il nostro passato e tutto il nostro futuro, non va ridotto, siamo noi a doverci fare vasti e attenti, a non farci rapire dalle memorie e dai sogni, ma a onorarli perché sono parte della nostra natura umana. Della nostra incompiutezza radicale.

Un gruppo di musicisti jazz sta andando in auto a suonare in un luogo distante dalla loro città. La strada è sconnessa e accidentata e uno di loro non fa che lamentarsi a ogni scossone, a ogni buca. Il guidatore si volta e con un sorriso jazz gli dice: «Suonalo, ragazzo mio, suonalo».

Quando insegno i primi passi sul sentiero della meditazione, non uso mai la parola "concentrazione", ma "raccoglimento". La concentrazione separa, taglia, esclude, si focalizza su un punto, escludendo tutto il resto. Il raccoglimento è vasto, accogliente, neutrale, impersonale, assapora tutto, lascia andare tutto. Custodisce per la vita. «Suonalo, suonalo».

Un Maestro tibetano disegnò un giorno per i suoi studenti, sul bianco di una lavagna, il segno stilizzato di un piccolo uccello e chiese: «Cos'è?» Nacquero tante diverse risposte. Tutte decifravano il piccolo segno. In molti risposero: «Un uccello». E il Maestro, continuando a scuotere sorridendo la testa, rispose: «È un cielo vasto e in questo momento sta passando un uccello».

Siamo cieli vasti e restare connessi alla vastità ci permette di vedere i fenomeni che ci attraversano, di riconoscerli, sentirli e guardarli svanire. E se c'è malinconia, nostalgia, disperazione nel vederli spuntare o nel vederli scomparire, sono altrettanti uccelli, uccelli disperati, malinconici, struggenti, e guardiamo anche loro, li sentiamo, li lasciamo sostare tutto il tempo che vogliono e poi li guardiamo volare via quando il loro tempo è venuto.

Non è facile, si tratta di spiazzarsi, non essere piú un centro, ma una grande periferia sconfinata, e veder sorgere e tramontare i fenomeni e accorgerci dell'amorevole sfondo che rimane e che non è di nessuno.

L'attesa ardente

«Sai aspettare?»
«So bruciare».
«Fino alle braci?»
«Fino alle braci».
«È perfetto».

L'arte di meditare

Ho letto una storia Sufi: «Un giorno l'asino di un contadino cadde in un pozzo. Non si era fatto male, ma non poteva piú uscirne. L'asino continuò a ragliare sonoramente per ore, mentre il proprietario pensava al da farsi. Infine, il contadino prese una decisione crudele: concluse che l'asino era ormai molto vecchio e che non serviva piú a nulla, che il pozzo era ormai secco e che in qualche modo bisognava chiuderlo. Non valeva pertanto la pena di sforzarsi per tirare fuori l'animale dal pozzo. Al contrario, chiamò i suoi vicini perché lo aiutassero a seppellire vivo l'asino.

Ognuno di loro prese un badile e cominciò a buttare palate di terra dentro al pozzo. L'asino non tardò a rendersi conto di quello che stavano facendo e pianse disperatamente. Poi, con gran sorpresa di tutti, dopo un certo numero di palate di terra, l'asino rimase zitto. Il contadino allora si decise a guardare verso il fondo del pozzo e rimase sorpreso da quello che vide. A ogni palata di terra che gli cadeva addosso, l'asino se ne liberava, scrollandosela dalla groppa, facendola cadere e salendoci sopra. In questo modo, in poco tempo, l'asino riuscí ad arrivare fino all'imboccatura del pozzo, oltrepassare il bordo e uscirne trottando».

Meditare non è cercare vie d'uscita, ma piuttosto vie d'entrata. È questo che fa l'asino. Entra nella sua situazione, sente la disperazione, grida, poi accoglie quello che sta succedendo, non ne resta sommerso, non è vittima della situazione, si scrolla di dosso la terra e quella stessa terra diventa la sua risorsa.

Il mondo è pieno di persone che danno ricette per disfarsi di qualsiasi cosa ci opprima, per non sentire o entrare in un'illusione anestetizzante. La pratica della consapevolezza, invece, insegna a stare, a entrare in intimità con quello che ci accade, e il paradosso è che questa intimità è impersonale. Non restiamo invischiati nell'autonarrazione, l'intimità della meditazione è contatto con il tessuto dell'esperienza, con la percezione diretta e non mediata dai concetti di quanto accade, del suo impatto su di noi. E questa giusta vicinanza ci permette di arrivare non piú a una reazione ma a una risposta. Non ci confina in una sorridente passività, ma anzi, l'accoglienza di quel che ci accade porta con sé l'energia di una giusta azione che si stacca da noi quando il tempo è maturo, e va nel mondo.

Meditare ha la stessa radice di medicina, è cura e prendersi cura. La parola pāli per meditazione è *bhāvanā*, causativo del verbo essere, dunque portare a essere, ossia coltivare. Si tratta di coltivare la mente-cuore. In pāli, sono una parola sola: *citta*. E già questo fa avvertire la portata della differenza tra la nostra cultura occidentale di pensiero dissezionante e separativo e una cultura della non separatezza, del nesso. Noi abbiamo due stereotipi a cui badare per non cadere in equivoci depistanti: che la meditazione sia cogitazione e che la meditazione sia sospensione di qualsiasi impatto sensoriale e psichico e immersione in un dolce nulla.

Meditare non è nemmeno una tecnica, ma un'arte. Dell'arte quindi ha il rischio, l'improvvisazione, lo studio e la dimenticanza dello studio, la dedizione, la leggera e misurata follia, la precarietà, la vocazione, l'invasione nella vita quotidiana, la spellatura. Noi conosciamo nei riflessi e nelle bucce, sbucciandoci. Seguendo una Via bisogna rischiare la pelle. Se la meditazione non dilaga nella vita quotidiana, se non sfida quello che chiamiamo "il mio carattere", se non comprendiamo che tutto è meditazione, entrare in casa, uscire di casa, fare le scale, mettersi, togliersi le scarpe, cucinare, parlare, mangiare, dormire, lavorare, fare l'amore, riduciamo la meditazione a una stampella, una protesi che acquieta un tantino la nostra vita che resta sempre la stessa, centrata sull'io.

Dice Lao Tzu:
«Fai attenzione ai tuoi pensieri, perché diventano parole.

Fai attenzione alle tue parole, perché diventano le tue azioni.

Fai attenzione alle tue azioni, perché diventano abitudini.

Fai attenzione alle tue abitudini, perché diventano il tuo carattere.

Fai attenzione al tuo carattere, perché diventa il tuo destino».

Essere presenti significa essere presenti al proprio io come a un oggetto di studio. L'io non è la presenza; può parlare per ore della presenza, ma noi sentiamo se è l'io a parlare e non ci raggiunge che vuota erudizione, una fila di parole senza vigore, perché dove c'è presenza non può esserci io e solo la presenza ci raggiunge e ci trasforma.

Attorno all'io ruotano pensieri ed emozioni, l'io è la loro solidificazione, si sente il centro di tutto, le cose esistono solo in relazione a me: mi piacciono, non mi piacciono, mi adulano, mi minacciano, sto sempre difendendo il territorio dell'io.

Il rischio della solidificazione è ovunque, anche sul sentiero interiore, ed è quello di creare un io ideale, un io meditante, saggio, imperturbabile, che snocciola insegnamenti a piè sospinto. Quando siamo invece nella presenza, sappiamo esitare, fare silenzio, sappiamo non sapere. Il giorno dopo la morte di mia sorella, Gigi, un sacerdote non convenzionale, un servitore del bene e del bello, mi ha chiamato, senza sapere nulla di quello che mi era successo. Dopo i primi saluti, gliel'ho subito semplicemente detto. E lui ha esclamato: «Oddio, oddio, oddio!» Ho sentito la sua totale partecipazione, il suo sbucciarsi con me, ho sentito il mio dolore e la sua immediata compagnia. Mi ha aiutato piú di qualsiasi frase dotta o consiglio accorto.

Per essere nella presenza, devo coltivare a lungo uno sguardo sull'io, anziché guardare tutto dai suoi occhi. Anziché guardare il mondo dalla rabbia, dalla tristezza, dall'eccitazione, guardo la rabbia, la tristezza, l'eccitazione. La presenza è riconoscere quello che c'è, riconoscere la calma, riconoscere il movimento dei pensieri, non preferire la calma al movimento dei pensieri, non scegliere. La presenza è smettere di aver paura della propria delicatezza.

Ciò che osserva la paura non è spaventato, ciò che osserva la rabbia non è arrabbiato.

Nella presenza c'è discontinuità rispetto all'io. Per sentire la presenza, bisogna fare un passo fuori dall'io, dalle reazioni mentali di cui è fatto, dalle identificazioni che coprono la sua paura di essere nulla.

Il modo in cui guardiamo al nostro io è essenziale quanto lo sguardo stesso. Va allenato uno sguardo tenero, compassionevole, uno sguardo fermo che vede i limiti ma non si trasforma in giudice, in critico puntiglioso e acido, né in risolutore dei problemi altrui.

In noi c'è qualcosa che non pretende e non si impone, qualcosa che semplicemente è. Un puro conoscere sorridente.

C'è un punto in cui il dolore diventa anonimo e le cause contingenti, per quanto gravi, sono solo il nome e la forma che un'energia molto piú antica assume in quel momento, è l'energia di essere al mondo, di avvertirsi separati e di percepire la nostalgia e il richiamo dell'unità. Ogni desiderio racchiude questo desiderio radicale, ritornare alle stelle, non essere piú nella distanza.

Essere in contatto con la fonte del desiderio, con il nostro costante mancare, è l'essenza della meditazione. Essere alla fonte è smettere di desiderare, perché si abita il desiderio, si è desiderio senza piú oggetto, e il cambiamento inizia accogliendo se stessi, la nostra incompiutezza, la nostra mancanza e tensione verso, cercando di non migliorarsi né cambiarsi, aspettando, attendendo alla trasformazione che arriverà quando il tempo del sostare sarà maturo.

Un giorno il Buddha, davanti a migliaia di discepoli, anziché insegnare parlando, in totale silenzio alzò un fiore di loto. In tanti si chiesero il significato, probabilmente molti si diedero risposte erudite, profonde, raffinate. Solo Kashyapa si limitò a guardare il Buddha e a sorridere. E il Buddha seppe che

Kashyapa aveva visto la sospensione, il mondo fluttuante, la nostra comune evanescenza e le aveva sorriso. Vide il suo Risveglio.

La meditazione è seminagione di sacro nell'ovvietà quotidiana.

Un giornalista chiese al grande Maestro thailandese Ajahn Chah di fargli alcune domande sulla sua pratica meditativa. Chiese: «Perché pratichi?» «Come pratichi?» «Quali sono i risultati?»

Ajahn Chah rispose: «Perché mangi?» «Come mangi?» «Con quali risultati?»

Il sogno della realtà

Per anni, mi ha fatto paura la parola "realtà". Non per la sua insostenibilità, ma per la sua riduttività. La confondevo con razionalità, burocrazia, adulti, logica, scuola. Non c'erano alberi, né animali, non c'erano giochi, né fiumi. Poi, camminando sull'antico sentiero, ho scoperto che si può essere tessitori della realtà e che realtà significa anche "sogno", profondissimo, smisurato, appassionato sogno. Ora la sbircio, ogni tanto mi immergo, galleggio, affondo. Sono cosa della realtà. Briciola di misteriosi legami, ogni nodo di realtà rispecchia tutti gli altri e la rete non ha fine, copre tutto quanto, non come un mantello, né come un cielo. Come un velo, che ri-vela.

Cammino per sapere dove andare

Un re chiese a un bodhisattva: «Dov'è l'essenza?»

«È nella funzione».

«Quale?»

«Ogni volta che agisci è lei, quando sei inattivo è piú difficile da vedere».

«Quando viene usata in quanti luoghi appare?»

«Quando appare lo fa in otto luoghi».

«Quali?»

«Nell'utero si chiama il corpo. Nella società si chiama la persona. Negli occhi si chiama vista. Nelle orecchie udito. Nel naso riconoscere gli odori. Nella lingua, parla. Nelle mani, afferra e stringe. Nei piedi cammina e corre. Si manifesta ovunque comprendendo ogni cosa».

Vedere l'essenza è la natura del Risveglio. Il Risveglio non può essere confinato in una specifica postura, si affaccia camminando, stando fermi in piedi, sedendo, stando sdraiati. Ogni postura della nostra vita è una possibilità di risveglio e cosí ogni nostra azione. Il Risveglio è un invito.

La meditazione camminata è limitarsi a camminare su e giú per un breve percorso molto lentamente in modo da poter percepire ogni cambiamento e sfumatura di un'attività che per lo piú facciamo senza alcuna attenzione. Camminare è lasciare con un piede la terra e con l'altro tenere l'ancora. Camminando ci avvicendiamo tra terra e cielo. Ogni passo che si stacca da terra ci mette in contatto con gli innumerevoli distacchi della nostra vita. Anni fa, mio fratello si è ammalato e gli ultimi mesi di vita li ha passati in un hospice. Mentre moriva, monitoravo con il cuore le mie sensazioni e i miei sentimenti e a un certo punto mi trovai faccia a faccia con uno strappo che conoscevo già, ma mi era chiaro che non proveniva da altri strappi che avevo vissuto prima di lui, ed erano tanti, no, proveniva da un'esperienza minuscola, millimetrica, un'esperienza omeopatica di distacco. E mi venne incontro il ricordo fisico di tutte le volte che avevo praticato la meditazione camminata e di tutte le volte che avevo percepito e raccolto la sensazione precisa di quando il piede si stacca da terra e si solleva. Ero pronta. Anni e anni di esercizi umili di alzo, sollevo, sposto, poso il piede mi avevano preparato a sentire con precisione le sensazioni di contatto e di distacco fino a poter sentire il grande strappo.

Ero seduta vicino a lui mentre goccia a goccia, respiro per respiro, se ne andava, ero seduta in una poltrona di fianco al suo letto e cercavo di sentire il mio corpo e il mio cuore e le loro variazioni.

Quando il filo del suo respiro si spezzò, non mi restarono solo le sensazioni di abbandono, di spavento, di vuoto, di gioia per la sua liberazione, ma anche la sensazione semplice e immediata di quanto fosse comoda la poltrona vicina al suo letto.

Il dono di una pratica indivisa che copre tutta la nostra vita e la ammanta umilmente di mistero è quello di non dividere piú i mondi, una poltrona è spirituale quanto un cuscino da meditazione o un inginocchiatoio, l'angoscia dello strappo è assaporabile se ci addestriamo ad assaporare a piccole dosi il distacco di un piede da terra che viviamo a ogni passo.

Praticando la meditazione del camminare come forma, scegliamo un breve percorso, all'interno o all'esterno, e andiamo su e giú lentamente. Camminare senza una meta e senza uno scopo orizzontale mette in contatto con un forte senso di insensatezza chi è abituato alla sola concretezza e utilità immediata del vivere. Si tratta di camminare verso se stessi e non piú verso l'altro, non piú per conquistare o per disfarsi di qualcosa. La destinazione siamo noi. Man mano, arriva un altro genere di senso. Camminare per camminare può essere umiliante per la ragione, e insegnare cosí l'umiltà. Non cercare un senso, solo toccare terra con un piede, sollevare da terra l'altro piede, avvicendarsi senza affaccendarsi. Essere intimi con la terra e con l'aria, con la danza del passo, con l'andatura. E se i pensieri ci cavalcano, se ci impediscono di essere presenti, ci fermiamo e ci domandiamo: «Cosa sta succedendo? Cosa sta bussando al mio cuore perché io lo veda? Chi sei? Cosa vuoi da me?» E quando l'ospite si fa avanti, dice il suo nome, lo invitiamo a camminare con noi. Come sempre la consapevolezza è ampia eppure precisa, vasta ma attenta a tutto, non esclude forzosamente, accoglie con sollecitudine e resta, si sofferma con fermezza, torna all'umiltà del piede che sente la terra, che sente lo stacco da terra.

Sentiamo cosa accade in ogni istante, sentiamo il corpo in piedi, non lo abbandoniamo, sentiamo il movimento, la sua ricchezza e complessità. Non si tratta di sforzo ma di ricettività, aprirsi a quello che è già lí, niente da aggiungere, niente da togliere, solo raccogliere.

L'andatura, il ritmo, la velocità vanno accordate alla qualità del corpo e del cuore presenti nel momento, ai loro bisogni. Certe volte, la lentezza aiuta a contrastare la mente che corre troppo, a invitarla a fare pausa, a intonarla con il momento presente. Altre volte, il passo lento può diventare ipnotico, una ninnananna che crea automatismo, e il passo va risvegliato, rinfrescato con audacia, accelerando o invece rallentando al massimo e restando connessi con le piú sottili sensazioni.

Scrive Italo Calvino in *Collezione di sabbia*: «Il camminare presuppone che a ogni passo il mondo cambi in qualche suo aspetto e pure che qualcosa cambi in noi»[1].

---

[1] I. Calvino, *Collezione di sabbia*, Mondadori, Milano 2002, p. 183.

Vicino alla porta di casa, ho appeso la riproduzione di un ideogramma giapponese che significa "per tutta la notte". È una citazione dal libro di Philippe Forest *Tutti i bambini tranne uno*. La sua bambina era ricoverata all'ospedale per un tumore che dopo qualche mese l'avrebbe fatta morire, quando i genitori se ne andavano a casa la sera, le dicevano: «Ti pensiamo, siamo con te con il pensiero». E la bambina chiedeva: «Per tutta la notte?»

L'ho appeso perché so cosa vuol dire aver bisogno che qualcuno ci faccia tana nel suo pensiero per tutta la notte, ci mantenga in vita mentre la notte ci sbriciola, ma anche perché quando camminiamo e ci chiediamo se andrà avanti per molto questa assurdità, è bello rispondersi: «Per tutta la notte». Allora, il tempo si dilata in una pianura che permette la vastità interiore, il non calcolo del tempo, ed entriamo cosí in un tempo mitologico dove un istante è tutta una vita e tutta una vita è un istante.

Una volta, ho conosciuto una Maestra giapponese della cerimonia del tè. Aveva lasciato il Giappone molto giovane per sposare uno straniero. Dopo alcuni anni, era tornata a Tokyo per un incarico di lavoro del marito che sarebbe durato due anni. Telefonò quindi a un Maestro della cerimonia del tè per poter diventare sua allieva. Il Maestro la ascoltò e poi le chiese: «Quanto tempo hai detto che ti fermi? Due anni? Beh, per un tempo cosí breve, sí, posso insegnarti a camminare sui tatami verso la teiera e le tazze».

Camminando, non ci perdiamo nelle sensazioni sensoriali che vengono a visitarci, suoni, odori, immagini, li notiamo, non neghiamo le esperienze della sensibilità, e notiamo anche le nostre reazioni, ma non ci smarriamo, restiamo ancorati al passo. Dice il Buddha: «In ciò che è visto ci sia solo ciò che è visto, in ciò che è udito ci sia solo ciò che è udito, in ciò che è percepito ci sia solo ciò che è percepito, in ciò che è conosciuto ci sia solo ciò che è conosciuto»[2].

Camminare è una meditazione non solo quando lo sperimentiamo come forma, con un tempo preciso, uno spazio, un voluto rallentamento, ma anche ogni volta che camminiamo nella vita quotidiana. Ricordo un monaco, durante un ritiro, a cui qualcuno chiese quanto lenta dovesse essere la camminata e

[2] *Udana. Versi ispirati*, 1.10, in *La rivelazione del Buddha* cit., p. 608.

lui rispose: «Beh, se è domenica sera e porti fuori il cane, lenta lenta, se è lunedí mattina e corri a prendere l'autobus per andare al lavoro, veloce veloce». Non era sarcastico, stava chiedendoci di allargare il nostro orizzonte di pratica, la nostra visuale spirituale a tutta la nostra vita.

Quando cammino per strada, mi accorgo di camminare, mi accorgo del passo, se ho davvero bisogno di accelerare o no, se con la mente sono già nel luogo dove sto andando o se riesco a gustare ogni passo. Mi accorgo delle distrazioni e delle attenzioni necessarie, mi accorgo dei commenti inutili nei riguardi dei passanti o di quello che mi circonda, mi accorgo se mi sgrido, anziché semplicemente notare, mi accorgo che anziché abolire i commenti posso trasformarli in attimi di compassione, prima di tutto verso di me che non tengo a casa il cuore, che critico tutti per non sentire me stessa, e poi verso gli altri che non sanno di me o che fanno lo stesso lavoro di spadaccini smemorati nei miei confronti.

Cammino per sapere dove andare. Spero di incontrarmi presto. In ogni passo.

James Hillman, da una conferenza tenuta a Dallas nel 1981: «Camminare è un linguaggio che acquieta l'anima, che dà ordine e direzione ai bagliori della mente. Camminando siamo nel mondo, ci troviamo in un dato spazio particolare che il nostro camminarvi dentro trasforma in un luogo, una dimora, un territorio, un dato posto dove stiamo abitando, con un nome. E la mente si trova ad essere contenuta in esso, nel ritmo del camminare. Se non potessimo camminare, dove se ne andrebbe la mente? Una città che non offra da camminare non è forse una città incapace di offrire alla mente una dimora?»[3].

[3] J. Hillman, *Camminare*, trad. it. di O. Calvino, in «La nuova città», n. 5, https://traccesent.com/2015/12/19/james-hillman-camminare-in-la-nuova-citta-1984/.

Imparare a tremare

Non voglio imparare a non aver paura, voglio imparare a tremare. Non voglio imparare a tacere, voglio assaporare il silenzio da cui ogni parola vera nasce. Non voglio imparare a non arrabbiarmi, voglio sentire il fuoco, circondarlo di trasparenza che illumini quello che gli altri mi stanno facendo e quello che posso fare io. Non voglio accettare, voglio accogliere e rispondere. Non voglio essere buona, voglio essere sveglia. Non voglio fare male, voglio dire: mi stai facendo male, smettila. Non voglio diventare migliore, voglio sorridere al mio peggio. Non voglio essere un'altra, voglio adottarmi tutta intera. Non voglio pacificare tutto, voglio esplorare la realtà anche quando fa male, voglio la verità di me. Non voglio insegnare, voglio accompagnare. Non è che voglio cosí, è che non posso fare altro.

La gioia dell'etica

Mi sono accorta, in alcune delle persone che vogliono imparare a meditare, di una sorta di perplessità quando introduco, come fondamento essenziale del percorso, la presenza etica. La parola "etica" suggerisce immediatamente ad alcuni qualcosa di rigido, di secco, di imposto dall'alto o dall'esterno, di rinunciatario e quindi di dimesso e triste. Eppure, il Buddha parla di gioia dell'etica, e insegna che per uscire dall'attaccamento occorre appoggiarsi sulla gioia del non-attaccamento. Il sollievo di una mano che smette di stringere, che si apre. È raro sentir dire da qualcuno che sceglie di fare o di non fare qualcosa per una scelta etica.

Quando ho incontrato questa parte fondamentale della pratica buddhista, ho provato un enorme sollievo, la sensazione di poter avere delle pareti, un rifugio contro la precarietà delle opinioni e le storie complicate che ci raccontiamo per scappare dalle responsabilità della vita.

Ci sono cinque linee guida, spesso definite "precetti", nome che mi fa accapponare la pelle. Un amico sanscritista, anni fa, fece per me una ricerca del termine con cui li chiama il Buddha. La parola è *sīla*, la stessa che significa anche "etica" in generale. Il suo dizionario di sanscrito specificava il concetto con un esempio: «Il *sīla* del fuoco è quello di bruciare». Quindi, le linee guida dell'etica buddhista sono la nostra vera natura come la natura del fuoco è quella di bruciare. Sono principî comuni a tutte le visioni interiori, religiose o laiche: non uccidere, non prendere quel che non ci è dato, non creare sofferenza con la sessualità, non mentire, non assumere intossicanti.

In realtà, non essendoci alcun punitore o controllore esterno, sono luoghi di ricerca e di sperimentazione. Allora il loro raggio si allarga a dismisura, come fari nella notte ci permettono un'interrogazione ampia sul nostro agire, dire, pensare. Per il Buddha è il pensiero il luogo in cui è più necessario vegliare. La responsabilità etica è personale, ci si appella alla propria coscienza perché nella visione del Buddha quello che conta è l'intenzione, e dunque dall'esterno è molto difficile poter giudicare un altro, visto che non ne conosciamo l'intenzione. Come sempre, questa sottigliezza è manipolabile dalle nostre menti fanfarone, dal desiderio costante di salvarci la faccia, ma praticare è diventare sempre piú onesti e compassionevoli e quindi piú sani, piú interi. Essere interi rende la coscienza leggera e trasparente, è piú facile raccogliersi, ci sono meno pezzi da richiamare a casa.

Riflettere e posarsi nelle zone dell'etica significa allargarne i confini e la portata simbolica. Ci accorgiamo allora che è possibile uccidere con le parole, con uno sguardo, con i pensieri. E questo accorgersi non è finalizzato ad alcun senso di colpa, inesistente nel Buddhismo, ma a un salutare rimorso, alla percezione di un sapore che non ci piace e quindi alla svolta inevitabile verso lo smettere di fare il male e scegliere il bene. Il bene è spesso piccolo, irrisorio, un po' ridicolo, molto consapevole. Fa uscire dagli automatismi, è poco convenzionale: grazie, non mi piace parlare male degli altri. E si crea un profondo silenzio.

Non prendere quel che non ci è dato si amplia dal mondo delle cose a quello del pensiero e del sentimento, alla curiosità illecita, alla famelicità, alla rapina interiore. Apre il grande spazio dell'economia del dono, la generosità e la gratitudine si accendono e ci fanno vedere tante sfumature nascoste dalla scontatezza.

Non mentire è di per sé un impegno ampio e sfumato e portare l'attenzione sul campo ci fa vedere quanto in realtà la nostra parola sia colma di menzogna. Chiamiamo "gentilezza" o "tatto" una manierata cortesia che nasconde solo compiacenza o paura di affrontare l'altro. Ma non solo, il Buddha parla anche di evitare la parola divisiva, aspra, e futile. La maldicenza e il vaniloquio sono dolorosi e cosí comuni da passare inosservati alle nostre orecchie, ma non al cuore che si restringe e si intristisce. Ci abituiamo a parlare dettati dai veleni della mente. Riuscire poi a dire il vero senza durezza o asprezza è il lavoro di una vita. Un monaco in un colloquio personale mi disse: «Il tuo impegno a dire il vero, Chandra, è onorevole, ma chiediti anche se è utile, se è il momento giusto e il luogo giusto». Una svolta verso il rallentamento; la passione del vero può diventare fondamentalismo dell'autenticità che non vede piú l'altro, non rispetta, tanto quanto il mentire, nascondere, fingere, essere cortesemente ipocriti.

Sperimentando l'etica della vita, si allarga anche il campo delle ferite procurate dalla sessualità, dalla seduzione e dal narcisismo incurante. Ci accorgiamo del bisogno compulsivo di alterare la mente con l'alcool o altri intossicanti per non sostare in stati scomodi, dolorosi, o semplicemente opachi o poco sociali. Come pure del nostro bisogno di intossicazione che significa non saper restare mai vuoti, riempirci di notizie inutili, di discorsi arroganti o amari, di futilità, di scherzosa cattiveria.

La prima volta che sono stata in monastero, non capivo cosa fosse un vago senso di benessere che mi circondava, come una nebbiolina leggera. Investigando nel mio cuore, col passare dei giorni, mi accorsi che quello che veniva apprezzato intorno a me era semplicemente il livello di bontà di una persona. Non le azioni, le parole, la facciata, ma proprio quel senso di buon sapore che si sente quando qualcuno è senza farlo apposta buono.

E l'etica, come la meditazione, è un deciso gesto politico, è cura verso la comunità umana. Se venisse seguita anche solo la prima linea guida, non uccidere, è inimmaginabile come cambierebbe il mondo.

Un'antica favola africana racconta del giorno in cui scoppiò un grande incendio nella foresta.

Tutti gli animali abbandonarono le loro tane e scapparono spaventati.

Mentre fuggiva veloce come un lampo, il leone vide un colibrí che stava volando nella direzione opposta.

«Dove credi di andare? – chiese il Re della Foresta. – C'è un incendio, dobbiamo scappare!»

Il colibrí rispose: «Vado al lago, per raccogliere acqua nel becco da buttare sull'incendio».

Il leone sbottò: «Sei impazzito? Non crederai di poter spegnere un incendio gigantesco con quattro gocce d'acqua!?»

Al che, il colibrí concluse: «Io faccio la mia parte».

Niente

Tra i momenti che mi colpiscono di piú della nostra vita umana, ci sono quelli in cui aspettiamo ardentemente o disperatamente un segno e non arriva niente. Cosa ne facciamo allora di quello spazio aperto e neutrale?

Una volta un Maestro zen chiese a un suo discepolo: «Hai visto il leopardo delle nevi?»

«No», rispose il discepolo.

«Non è meraviglioso?», gli chiese il Maestro.

Certo, è meraviglioso che accada un miracolo, che riusciamo a vederlo. Ma non è meraviglioso che non accada proprio niente, che possiamo assistere a questo niente e percepirlo e fremere? Non è meraviglioso perdere qualcosa? Essere disorientati? Essere delusi? La meraviglia è il vuoto che si apre, la possibilità di aprire le mani e le braccia, il fremito del lasciar andare, dell'abbandonarsi all'assenza di segni, di significati, di salvezze, di alleanze. Niente. Assolutamente niente: aaahhh!

Quando la paura bussa, apri

> Ho paura, ho paura, ho paura
> di dire di cosa ho paura.
>
> BORIS PASTERNAK

La paura è stata nella mia vita non solo un'emozione, un attacco, una presa, ma piuttosto uno sfondo. La paura considerata illegittima, perché apparentemente senza contesto. Alla paura non davo il permesso di soggiorno, al massimo di transito. Allora, con l'indispensabile intelligenza del clandestino, si è rifugiata nella notte.

Vengo da un'infanzia sgretolante e la paura, nel corso degli anni, è rimasta l'unico, o quasi, indizio del passato, un'eco, un'atmosfera da cui guardavo il mondo; anziché guardarla negli occhi, guardavo dai suoi occhi. La paura, di un adulto, è spesso avvolta dalla vergogna. Non solo la propria vergogna, ma anche quella degli altri, non vogliamo sapere che un adulto ha paura, che può aver paura, perché da qualche parte sappiamo che se un essere umano ha paura siamo tutti responsabili, non tutti personalmente, ma tutti insieme sí, perché siamo chiamati a rispondere della nostra connivenza e copertura non solo dei fatti che generano la paura, ma delle parole che li raccontano e che non possono essere dette e condivise, perché collaboriamo col mettere a tacere la paura che viene inesorabilmente coperta da una fittissima rete di complicità sociali. La paura è scomoda, ci chiama a essere vivi di fianco a un altro vivente, a non essere e parlare altrove, a non distrarci.

Le misteriose vie della vita mi hanno regalato due metodi, due alleati per avvicinare e arrivare ad accogliere la paura: la poesia e la pratica del Buddhismo. Cosí la paura ha lasciato la notte, è tracimata nel giorno e si è fatta parole, dialogo, l'ho sentita e ascoltata, l'ho detta, è stata ascoltata, l'ho scritta, è stata letta. Da pochi.

La poesia è entrata come un fulmine nella mia vita, quando ancora non andavo a scuola. Avrò avuto piú o meno cinque anni e passando per il corridoio ascoltai mio fratello imparare a memoria una poesia di Pascoli: *Dieci Agosto*. Ricordo di aver "visto" le parole che mio fratello pronunciava, di aver ascoltato parole che si facevano subito immagini. E ho pensato: "Da grande scriverò anch'io in quella lingua". Era una lingua che mi chiamava, un'altra lingua, che sapeva dire il male, anzi farlo vedere e cosí farlo toccare e sentire. Volevo quella lingua cellulare, che sapeva parlare al corpo, che "faceva".

La poesia è portare testimonianza, testimoniare la paura rende coraggiosi, è il piú profondo atto di coraggio. Quando tengo seminari di poesia ai bambini, spesso, per far intuire la potenza della parola poetica, cito Anna Achmatova:
«Negli anni terribili della "ežovščina" ho trascorso diciassette mesi a fare la coda presso le carceri di Leningrado. Una volta un tale mi "riconobbe". Allora una donna dalle labbra bluastre che stava dietro di me, e che, certamente, non aveva mai udito il mio nome, si ridestò dal torpore proprio a noi tutti e mi domandò all'orecchio (lí tutti parlavano sussurrando):
– Ma lei può descrivere questo?
E io dissi:
– Posso.
Allora una specie di sorriso scivolò per quello che una volta era stato il suo volto»[1].

---

[1] A. Achmatova, *Poema senza eroe*, Einaudi, Torino 1966, p. 27.

Questa è la potenza della poesia, dire dove non si può dire, dove è proibito, interdetto, illegittimo dire, ma anche dove la paura, il terrore, non fa immagine, è inimmaginabile. Dove la paura non dà nomi, perché nomi troppo conosciuti, celati nell'evidenza abbagliante del patto sociale. O dove siamo portati a credere che quel che sentiamo non sia giusto, adeguato alla situazione, non legittimo appunto.

Ho scritto un libro, *La porta*[2], una sorta di poema sulla paura. Due bambini, una femmina e un maschio, e una porta. Dietro la porta un assassino, «senza nome, dal nome troppo conosciuto». «La porta non nasconde, sta davanti all'assassino». La paura è questo qualcosa che si piazza tra noi e l'oggetto della paura, e non lo nasconde, ma si frappone e lo ri-vela. Per fortuna, non è un muro, ma una porta, può essere aperta, ha i cardini, si può farlo a poco a poco, è un varco.

Le poesie di questo libro sono stranamente leggere, bianche, come di neve, c'è tanta neve nel libro. Quando la paura, forse meglio sarebbe chiamarla terrore, sta all'inizio,

---

[2] Ch. L. Candiani, *La porta*, La biblioteca di Vivarium, Milano 2006. Di prossima ristampa presso Salani con il titolo *Vista dalla luna*.

il freddo la conserva nel tempo senza polverizzarci. La neve permette di non dimenticare, conserva una possibilità, ma fa anche tana, possibilità glaciale di rimando a una futura prontezza.

> La porta.
> Era.
> Di ferro.
> Certe volte di ghiaccio.
> Perfino
> di umano
> costato,
> allora il suono
> del bussare
> si faceva sordo
> impossibile da ascoltare.
>
> Il bambino è d'oro.
> Accecante come
> un'imperfezione nella perfezione
> come il cortile dipinto di neve.
> Vive di neve.
> E la neve urla.
>
> La bambina è blu.
> Come le ombre sulla neve.
> Conserva le parole in un sacco

buio
apre le parole al vento.
Come una scolara, non vista,
in cortile
parla con l'aria[3].

Scrivere della paura, scrivere in poesia, la lingua delle schegge, dei frammenti, mi ha reso immaginabile l'inimmaginabile, togliendo peso, ha ridato gravità. La grazia della poesia, il suo essere dono, dettata da altro, da una memoria che ci precede, ha fatto da contrappeso, con la leggerezza acuminata dei versi ha riportato sulla terra, entro la legge di gravità, quello che aveva avuto bisogno di esserne espulso, di essere solo aria, solo notte, solo sfondo.

La poesia è questo dire barrato. Lo conferma ogni giorno il mio lavoro nelle scuole con i bambini migranti. La poesia è una sorta di lingua radice che rivela il loro paese radice. Pur scrivendo in italiano, c'è un sottotesto che i versi lentamente disegnano che mostra l'origine. Un bambino cinese, pur nato in Italia, pur globalizzato e totalmente dimentico delle sue origini, a poco a poco torna a una poesia filosoficamente, stilisticamente cinese.

[3] *Ibid.*, pp. 20 e 21.

Ci sono gli a capo in poesia. Un silenzio imperativo che comanda di finire, di saper morire, di sapere la morte, nella parola. Sempre nel mio libro *La porta*, gli a capo sono spezzature continue, violente, millimetriche. E ci sono i punti. Continuamente punti, anche tra soggetto e predicato. Una costante punteggiatura a dire un'andatura che spezza, come lo spezzarsi degli alberi sotto le tempeste. La paura spezza. La paura mette punti, separa, è conclusiva, impedisce la continuità.

La poesia non libera dalla paura, le dà un contesto, una vivibilità. Grazie alla poesia, è possibile frequentare la paura all'insaputa di se stessi, abitarla senza esserne sequestrati, entrare e uscire, sostare sulla porta. Ed è possibile gridarla o sussurrarla agli altri. La poesia è la possibilità di un ascolto, di un interlocutore. E permette di fare della cronaca storia e quando è davvero grande anche mito, storia di tutti, storia gigante.

Paradossalmente, la paura è un diritto, poterla scrivere è poterla sentire e non viceversa, la pagina è la cornice, la pelle d'albero necessaria, per non restare folgorati, ustionati, o pietrificati. Il diritto alla paura che la poesia mi ha consegnato mi ha portato a essere fiera dell'infanzia conservata, del suo sapere selvatico e mai in vendita, e non solo di essere sopravvissuta.

La poesia è una forza sovversiva della parola, in questa epoca dove la parola è in via d'estinzione e lascia spesso posto solo alla chiacchiera o alla didattica, la poesia sa condurre nel territorio del non so, costringe all'intimità con il non conosciuto, con la domanda che non chiede risposte ma scommesse, rivoluzioni di senso, mappe non lineari. Risponde alla paura contemporanea del vuoto, quel vuoto fecondo che permette l'incontro con l'altro, lo spazio tra me e te in cui potersi emozionare. E questa paura del vuoto è forse tutt'uno con la paura dell'intimità. E cosa crea piú intimità della parola viva?

La poesia è pratica di vita, non di sopravvivenza, è stato l'incontro con la Via del Buddhismo a offrirmi un metodo per sopravvivere e man mano abitare zone sempre piú vaste di me e del mondo.

La poesia mi ha accompagnato. E ha detto. Spesso il futuro.

Nelle scritture attribuite al Buddha, si dice che ogni forma di sofferenza va incontrata e accolta. Ma cosa significa? Resta una frase affascinante e vuota o un ideale senza radici, se non si parte dai primi passi di una pratica che insegna ad accogliere qualsiasi esperienza senza aggiungere e senza togliere niente, in pieno corpo. Prima di tutto, quindi, bisogna avere un corpo. Il fatto di essere incarnati, non è immediatamente essere corpo. Possiamo avere, essere, carne, senza avere, essere corpo. Il corpo è la nostra carne abitata, sentita, percepita con attenzione, precisione, profondissima intimità. Spesso la paura taglia il legame tra noi e il corpo, non permette accesso. La pratica della meditazione di consapevolezza riallaccia il legame, con gradualità gentile e con delicatezza attenta rimette in contatto con il corpo, si ricomincia a sentire, a trovare quale sentire sta nascosto dietro l'irrequietezza mentale, il caos delle parole spruzzate nei nostri occhi o in quelli dell'altro, il gorgo dei pensieri senza un pensatore. La ripetuta attenzione al respiro, alle sensazioni, ai suoni fa percepire la vita che continuamente scorre in noi e riallaccia il legame con il sentimento d'essere.

Una paura che riscontro crescente in questi anni nelle persone che mi chiedono di imparare a meditare è la paura della sofferenza. Spesso mi accorgo che nella loro richiesta di iniziare un percorso interiore, c'è la speranza di poter star bene senza passare dal male, di scavalcarlo, di andare oltre senza attraversarlo. E c'è la speranza di poter fare tutto da soli, di incontrare una via di salvezza che non passi dalla scomodità dell'incontro con un altro, dal dialogo. Ma non è cosí che procede il percorso della meditazione. La meditazione, goccia a goccia, respiro per respiro, passo passo, ci mette in contatto con il male di vivere, con tutto quello che si frappone tra noi e il flusso costante che chiamiamo vita.

C'è un *sūtra*, un discorso, del Buddha che si intitola *Il discorso della freccia*. In esso, il Buddha spiega come chi non ha ricevuto gli insegnamenti spirituali sperimenta, esattamente come chi li ha ricevuti, sensazioni piacevoli, spiacevoli, e né piacevoli né spiacevoli. Ma qualcosa li distingue profondamente. Il non praticante è come se fosse colpito da una freccia e subito dopo fosse colpito da una seconda freccia, cosí da percepire il dolore di due frecce. Questa seconda freccia è la sensazione mentale di avversione nei confronti delle sensazioni dolorose e di attaccamento nei confronti di quelle piacevoli. È questa aggiunta al nudo, puro sentire che crea la sofferenza non necessaria di cui la Via buddhista ci insegna a liberarci. E come? Tornando a un sentire spoglio, senza aggiungere, senza togliere, lasciandoci attraversare dall'impatto con il mondo. L'aggiunta che noi facciamo al male è la vergogna, la paura, il senso di fallimento, l'avversione ostinata alla sofferenza. Ma noi sappiamo, organicamente, fisicamente, provare la sofferenza? Sappiamo ancora sentirla? Per questo parlo non solo di non aggiungere ma anche di non togliere niente al sentire.

Quante volte ho visto usare la meditazione per non sentire, per creare una personalità spirituale che ci ripari dal mondo, dai conflitti, dai desideri, dalla rabbia, dalla paura, dal piacere. Quante volte si parla di osservare le sensazioni, le emozioni, i pensieri perché si sta cercando in realtà di creare una scissione, un non sentire, un tenere a distanza la vita stessa. Mentre si tratta di entrare in tale intimità con il sentire stesso, con il flusso vitale, da non lasciare spazio alcuno nemmeno all'io, a quel costante sentirsi colpiti in prima persona, «Perché a me, proprio a me?», che è l'autoriferimento sempre in agguato. Si tratta di interrompere l'autonarrazione, la seconda freccia, che descrive, aggiunge commenti, cronache in diretta o in differita, personaggi, personalità, film e storie. E stare invece con la nudità del sentire, lasciarsi fare e disfare dal sentire che non ci è nemico, è tutt'uno con l'essere al mondo, con il ricevere l'impatto sensoriale con il mondo. Certo, si tratta di una pratica graduale, e occorre creare inizialmente un nido, un luogo in cui tornare, il respiro, il corpo, le sensazioni, la coscienza ben radicata nell'organismo, un luogo a cui poter fare costante ritorno. Come gli uccelli che iniziano a volare, non si allontanano mai troppo dal nido, da principio. Poi, scoprono che ci sono tanti appoggi, piccoli nidi provvisori, stazioni di sosta: rami, tetti, muri, sporgenze. Allora si va, piú liberamente, piú sicuri, perché il ritorno è sempre piú frequente e a portata di mano, perché si impara a tornare a sé sempre e ovunque, perché non c'è piú un'unica postura per farlo, ma piuttosto un atteggiamento di diffusa fiducia nel percorso.

Allora anche la paura diventa sentibile, vivibile, sostenibile. A dosi omeopatiche inizialmente e poi sempre piú cosí come viene. C'è un no nella paura, non vogliamo viverla.

Ricordo notti intere in cui la mia paura si trasformava in terrore e pietrificazione perché mi rifiutavo di sentirla, non ero pronta. In realtà, una sensazione non può durare che al massimo due o tre minuti, poi cambia. E la paura arriva a ondate, ha pause, intervalli, a capo. Quello che la può rendere apparentemente continua sono le nostre aggiunte, i commenti, le critiche, l'autonarrazione.

Notavo di recente come per chi vive in città è diventata una lotta accanita evitare qualsiasi piccolo disagio, come il caldo, una pioggia improvvisa, le zanzare. Non riusciamo a fermarci a sentire la spiacevolezza della sofferenza, ad assaporare esattamente com'è. Ma ci vuole un centro, qualcosa a cui tornare, altrimenti ci si polverizza. Perfino per una zanzara, ci si frantuma in irritazioni e rabbie assolutamente sproporzionate. Vale anche per la stanchezza. Noi occidentali siamo spaventatissimi dalla stanchezza, forse perché svuota di io, fa sentire vaghi, vacui. Ho visto indiani stanchi rannicchiarsi tranquillamente ai bordi di una strada e dormire, o sdraiarsi durante i discorsi di un Guru, di un Maestro, e schiacciare un pisolino, poi riprendere l'ascolto belli freschi. Impensabile in Occidente, dove sempre piú spesso si sente dire: «Sono cosí stanco!» Ma la stanchezza non viene sentita fisicamente, assaporata, altrimenti, semplicemente, ci riposeremmo, perché sentire è già riposare dall'aggiunta mentale che facciamo alla sensazione.

La paura è sempre nel tempo. È nel passato, la paura di qualcosa che è già avvenuto e temiamo ritorni o si ripeta. O nel futuro come anticipazione di qualcosa. O nel presente come ansia che non ci permette di sentire quel che sta realmente accadendo. La consapevolezza non appartiene al tempo, vive nel fluire, trascorre, tutt'uno con la vita stessa. Come il respiro. Come l'andatura dei passi, un piede si solleva, l'altro sta appoggiato a terra, c'è una costante danza di pieno e di vuoto, di lasciare e di contattare. La consapevolezza non osserva il fiume, è il fiume.

Nel male, accolto, sentito, c'è la risposta al male, c'è il bene. Non basta leggerlo o sentirlo dire, bisogna provarlo, proprio ora, proprio qui, in pieno corpo. Ogni sensazione, ogni emozione, ogni pensiero è per sua stessa natura pura consapevolezza. Niente interrompe la consapevolezza, è come credere che le onde interrompano l'oceano. Le onde sono il movimento dell'acqua, la sua energia. Cosí, sensazioni, pensieri, emozioni sono le onde, l'energia che attraversa la nostra coscienza che fondamentalmente è pace.

La paura diffusa, sfondo costante della nostra epoca, di fine del futuro è tutt'uno con il concetto irresponsabile di crescita e di progresso che ha ridotto la natura a un fondo eternamente attingibile. Non è cosí, sappiamo che c'è una fine alle risorse, ora lo sappiamo. Saper stare nel flusso, sapere che se c'è alba c'è tramonto, se c'è nascita c'è morte, e che se c'è tramonto c'è alba e se c'è morte c'è nascita, insegna a tornare alla fonte anziché orientarsi sempre a una meta. Andare con la corrente, sentire e assecondare, non opporre inutili resistenze. Non ha niente a che fare con la passività, è anzi un totale balzo nel fiume della vita. Non siamo soli, siamo tutto, e per scoprirlo occorre attraversare un profondissimo, assoluto senso di solitudine. La paura della solitudine è un altro degli ostacoli al percorso verso se stessi, un percorso indispensabile.

Quello che la poesia e la meditazione come tutte le Vie fanno è di scollarci dai luoghi comuni, dal calduccio degli stereotipi condivisi. La meditazione non va utilizzata per pacificare tutto, ma per sentire gli strappi, le lacerazioni, le paure di un'epoca e di un individuo che ne fa parte, e trasformarle in punto di partenza per una nuova fiducia e un senso di responsabilità che è capacità di rispondere alle sfide che ogni tempo propone a noi esseri umani sapendo che siamo fatti per farcela. È il concetto di farcela che va riscritto in noi, non piú la conquista, la sfida, la crescita all'infinito, ma il sintonizzarsi, l'ascolto umile e attento degli insegnamenti che bussano nei fili d'erba e negli astri, nelle zanzare e negli elefanti, nelle creature che stanno scomparendo e in tutto quello che resta, nella responsabilità di stare svegli e sensibili in questo immenso non-sapere.

Questo è il momento

Ero presente, in India, alla morte del mio primo Maestro. Fu un colpo mozzafiato, ero giovane, ma fu anche una travolgente celebrazione dell'impermanenza della vita, un dire sí con tutto il corpo, danzando, alle cose cosí come sono, come siamo.

Il mattino dopo, svegliandomi, la notizia non era ancora scesa nel corpo, e appena aperti gli occhi mi sembrò che stracciasse l'aria come una lama un sipario, ma immediatamente spuntò la voce del mio Maestro: «Questo è il momento!»

Sí questo è il momento, ogni momento è esattamente il momento. Inutile rimandare: svegliati e assapora.

I suoni del mondo. Le voci

Nel mondo ci sono i suoni, i nostri rumori e quelli delle vite degli altri. Nella pratica meditativa, si impara ad ascoltare suoni e rumori da una radicale trasparenza. Come fossimo uno sfondo limpido, ascoltiamo i suoni sorgere, restare un certo tempo, svanire. Cerchiamo di non soffermarci sulla causa che li ha prodotti, ma di prestare piuttosto attenzione alla loro vibrazione e alla reazione immediata che suscitano in noi: piacere, dispiacere, indifferenza. Anche queste reazioni sono rumori. Il Maestro thailandese Ajahn Chah diceva: «Non uscite a disturbare i suoni». Spesso, le nostre reazioni sono molto piú rumorose del rumore stesso.

Ogni suono sorge su uno sfondo di silenzio e svanisce in uno sfondo di silenzio. Un detto zen confida: «Il silenzio che precede la musica e quello che la segue sono musica». Imparare a percepire lo sfondo di silenzio esterno aiuta ad avvertire anche lo sfondo interno, quello che precede la reazione, il pensiero, il giudizio. Addestrarsi a stare con i suoni e i rumori come energie che sorgono, sostano e scompaiono insegna a stare con i pensieri con lo stesso atteggiamento di partecipazione impersonale, al di là della persona, senza appropriazione, ma in intimità, non con il contenuto e il commento al contenuto, ma con la scia che un pensiero porta con sé, con la sua tonalità affettiva.

Stare con i suoni del mondo, con la sua sinfonia, fa percepire paesaggi sonori e ci leva dalla tirannia della vista. La mente si purifica, diventa piú vasta e morbida e il cuore si sintonizza con il cuore del mondo, con le vite degli altri, i loro echi, le loro scie. C'è un suono particolare, intenso, e soprattutto per chi vive in città anche frequente, è il suono delle ambulanze. Io invito a non ascoltarlo come un suono tra gli altri, ma come il segnale dell'emergenza, qualcuno ha bisogno di me, almeno del mio pensiero: «So che sei lí, so che sei in pericolo, non sei solo, ti sento, ti mando il mio augurio di bene».

Allenati a sostare sui rumori e i suoni, piano piano si percepisce un suono sullo sfondo, continuo, sottile, misterioso: la voce del silenzio. È impossibile essere distratti e sentirlo, è impossibile volerlo afferrare e sentirlo, ha bisogno di presenza, ma anche di apertura, di vastità, se c'è desiderio di appropriazione scompare. È un suono che ricarica, che ricorda qualcosa di antichissimo e di perduto e nutre un bisogno senza nome insegnandoci ad abbandonarci anziché ad andare a caccia. Insegna senza contenuti, si torna piú saggi dopo averlo frequentato, ma non si sa di cosa.

E poi ci sono le voci. Spesso, ascoltare una voce dice di piú della persona che ascoltiamo che non ascoltare il contenuto delle sue parole, ci connette con un sottotesto che permette un ascolto piú profondo e meno giudicante, meno personalizzante.

Una pratica non ortodossa ma molto efficace è quella di chiamare il proprio nome durante il giorno, a voce alta se siamo soli, sussurrando se siamo con gli altri, e qualcosa in noi risponde risvegliandosi, un'apertura, una disponibilità a esserci. Certe volte, soffrendo d'insonnia, mi chiamo anche di notte: «Chandra!?», e mi rispondo: «Non c'è, dorme». E certe volte serve a suggerirmi di dormire davvero.

E ci sono le voci interne, diverse dai pensieri, sono costellazioni di pensieri, delle vere e proprie voci che parlano a noi o al nostro posto. Qualcuno urla dentro di noi, qualcuno bisbiglia o piange, c'è chi ci sgrida e chi ci rincuora, chi fa la cronaca della realtà e chi fa a pezzi tutti quelli che incontriamo: sono le voci. Se non prestiamo attenzione, finiranno per vivere al posto nostro e ci terranno in ostaggio. Accorgerci: «Oh, una voce...» crea la distanza che rende possibile la relazione, anziché restarne inghiottiti. Può essere un inaspettato, meraviglioso risveglio accorgerci di essere stati sotto il tiro di una voce critica per anni, per una vita, e di colpo smascherarla: «Voce! Ti ho visto, mascherina!» È uno spazio liberato quello che si apre tra noi e la voce che ci ha pilotato per anni, uno spazio di ascolto e di non passività, ritorna la capacità di agire, di sentire autonomamente, di scegliere.

Praticare l'ascolto non selettivo fa lentamente e involontariamente sorgere una sorta di fiducia nello sfondo, ci si affida allo spazio del non conosciuto eppure del profondamente da sempre noto, e con la fiducia e l'abbandono si apprende un non-fare molto attivo, non si è piú in guardia e non si è in costante agguato di un'azione, ma nemmeno ci si ritira e ci si assenta, si è in ascolto, in attesa di un'azione che nasce dal silenzio, dalla pausa, dall'intuizione profonda che lo sfondo lasciato libero di manifestarsi suggerisce.

Ricordati di essere vivo

La consapevolezza ricettiva apre alla vita
la fuga nella distrazione
è un sentiero di morte
chi è consapevole è totalmente vivo
chi è distratto
è come fosse già morto[1].

---

[1] *Dhammapada*, strofa 21, in *Dhammapada per la contemplazione*, una versione di Ajahn Munindo, traduzione di Ch. L. Candiani, Associazione Santacittarama, https://santacittarama.altervista.org/dhammapada__italiano.pdf.

La compassione per il dolore e la gioia per la gioia

Si dice che l'insegnamento del Buddha sia un uccello, un'ala è la saggezza, l'altra la compassione.

Compassione è una parola chiave dell'arte di risvegliarsi, apre le porte del cuore, lo zappa, lo dissoda, lo innaffia e lo invita a fiorire. Come tutte le parole incrostate di idealizzazioni va spolverata, lavata a fondo, rimessa al sole del mondo perché si asciughi bene dalle lacrime della commiserazione e dell'attenzione esclusiva al dolore della condizione umana.

In sanscrito e in pāli si chiama *karuṇā* e alla lettera significa provare un tremito del cuore in risposta alla sofferenza di un essere. Ma chi non prova alcun tremito per la propria sofferenza, chi non si accoglie, non si custodisce quando soffre, è impossibile che possa sentire vera compassione per la sofferenza di un altro. Altrimenti, è solo una virtú artefatta e interpretata con esaltazione o con sforzo che sfocia in un violento tagliar fuori se stessi e imporsi pietosi e invadenti all'altro, senza il sacro rispetto per i confini, le differenze, i percorsi, è senza corpo. Si può diventare molto presenti quando un altro soffre, pronti, efficienti, assidui e poi abbandonarlo appena sta bene, invidiarlo o ignorarlo se è felice.

Sento che è indispensabile affiancare alla pratica della compassione quella di *muditā*, la gioia per la gioia dell'altro, molto poco nota e di cui avremmo cosí tanto bisogno per curare le nascostissime ferite dell'invidia e della gelosia, che hanno tanto bisogno invece di venire alla luce, di essere viste e accolte per non essere agite mascherate da tutt'altro.

Ogni pratica che riguardi il sentire e i sentimenti è rischiosa, perché può indurci a falsare quello che sentiamo e a mascherarlo con la sua complementare virtú. Se si chiamano pratiche significa che partiamo da un non sapere, un non essere già buoni, giusti, veri, e che ci vuole un apprendistato per risvegliare in noi qualità nascoste e originali. Si parte da dove siamo, onestamente scoprendo i nostri angoli bui, l'indifferenza, la crudeltà, l'onnipotenza, il voler far passare all'altro il male al piú presto, il togliergli la dignità della ferita e la possibilità di trovare i suoi personali strumenti di risposta giusta e di guarigione.

La compassione come pratica non mette enfasi sul sentimento che dovremmo a tutti i costi provare, fa semplicemente accedere a un luogo, il cuore, spesso trascurato e ammutolito e ci inizia a un lavoro, a spazzarlo, arieggiarlo, a svuotarlo e a conoscerlo. Piú che un sentimento allora, la compassione è un atteggiamento, verso di sé prima di tutto e poi verso il mondo, verso gli altri, non solo gli esseri umani ma anche verso gli animali, i vegetali, l'ambiente che ci circonda e che chiede la nostra cura e non vede l'ora di restituirci altrettanta segreta cura.

Quindi si fa cosí: incominciamo con il sentire come stiamo, com'è portare l'attenzione nello spazio del petto che va da un'ascella all'altra, e non solo nello spazio davanti ma anche dietro, nella parte alta della schiena, perché praticando mi sono accorta che dietro c'è un cuore piú antico e piú esposto che chiede di essere sentito e curato. Sentiamo senza correggere, senza volere che ci sia altro da quello che c'è; le pratiche servono a chi ne ha bisogno, meno compassione abbiamo e piú siamo adatti a questa pratica. E una volta in contatto con questa parte viva del corpo, con il cuore, iniziamo a inviare a noi stessi semplici frasi di augurio, di benedizione.

Che io possa essere libero dalla sofferenza che io possa prendermi cura di me con gioia.

Pronunciamo silenziosamente e lentamente le frasi comprendendone il significato e le riceviamo, sentiamo cosa muta nel corpo e nella coscienza ricevendole.

Poi, quando le frasi hanno lavorato il nostro spazio del cuore, dissodandolo, ammorbidendolo, passiamo a inviarle ad altri. Partiamo da qualcuno che ci ha fatto del bene, che ci ha aiutato e sostenuto. Proseguiamo con un'amica o un amico caro. E poi, una persona neutra, qualcuno che notiamo appena, un essere che non è mai entrato in pieno nella nostra attenzione e nella nostra vita. Passiamo a qualcuno che ci ha fatto del male, qualcuno con cui c'è ostilità, il cosiddetto "nemico". E infine allarghiamo le benedizioni a tutti gli esseri. Queste categorie di esseri, non dico persone, proprio perché possono essere anche animali o alberi, creature del mondo, coprono un po' tutto il nostro mondo affettivo e percettivo.

Ci sono esseri che entrano nella nostra percezione senza mai diventare un nostro affetto, senza mai varcare la soglia del cuore: figuranti e comparse della nostra vita quotidiana. Accorgersi che hanno una loro vita, che per qualcun altro sono importanti, che hanno bisogno, come tutti, di bene, sposta l'orizzonte della nostra visuale, lo sposta sull'infinità degli esseri, sulla nostra universale trama. È importante scoprire che la capienza del cuore può ampliarsi, che esistono pratiche che sono come una ginnastica per il cuore e ci insegnano a non sentire l'essere e la sofferenza solo di chi prediligiamo, ci insegnano la coralità e l'equanimità del volere il bene di tutti. Il bene perfino di chi ci ha fatto del male, perché, probabilmente, è stata la sua sofferenza a farlo agire ciecamente e augurargli di non soffrire è augurargli di uscire dall'ignoranza, è augurare il bene a tutti e due, senza che significhi condonarne l'azione, né negare la ferita. È dare una possibilità di venire alla luce a tutto quello che tenevamo stretto e nascosto, permettendoci di sentire la rabbia, il rancore, l'odio, il desiderio di vendetta e lasciando che si trasformino, nell'ospitalità del cuore, senza giudizi e senza fretta. La pratica della compassione, quando è onesta, fa affiorare il nostro buio, i nostri danni, il rancore, il rimorso, l'odio, e solo cosí possiamo prendercene cura, scoprirci responsabili di quello che facciamo dei nostri pensieri e delle nostre negazioni di tanta parte di noi che ha bisogno di pronto soccorso, non di condanna.

Cesare Pavese scriveva: «L'offesa piú atroce che si può fare a un uomo è negargli che soffra»[1]. La compassione non solo riconosce la sofferenza dell'altro e la sente, ma anche non invita né augura di tollerare l'intollerabile, sarebbe un crimine. Augura di trovare uno spazio interiore abbastanza sgombro da non essere sommersi dal male, ma poterne conoscere le cause e mettersi in viva attesa di un'azione giusta che nasca da saggezza ed equanimità, non da vendetta o rivincita.

Inviare il bene significa consegnare l'altro a uno spazio piú ampio di me e di te, è affidarlo, con fiducia nella giustezza e compassione di quello spazio che ci affratella. Solo accedere a quello spazio permette la vastità della compassione, un'eco che si dirama ovunque, nessuno da portare, nessuno da guarire né salvare, tutti, me compresa, da consegna-

---

[1] C. Pavese, *Il mestiere di vivere*, Einaudi, Torino 2014, p. 120.

re, umani, animali, alberi e piante, erbe, fiori, montagne, fiumi e mari e universi visibili e invisibili.

Sottovalutiamo moltissimo la potenza del bene a distanza, è anonimo, non visto, non dà riconoscimenti, non ci si può aspettare nulla, ma è potente, preciso, puntuale. Non c'è bisogno di verificare che il nostro augurio arrivi, perché è come un canto, quello che conta è che il cuore si purifica, si arieggia e canta. «Scusa, per caso mi hai sentito cantare?» non sarebbe una bella domanda. Un fiore non ci chiede se lo sentiamo profumare. Cosí, inviamo compassione a chiunque sentiamo in difficoltà senza chiedere nessuna ricevuta di ritorno.

E c'è *muditā*, la gioia per la gioia dell'altro. Assai piú rara. Se la compassione è un concetto riconoscibile dalla nostra cultura, la gioia per la gioia dell'altro ci è davvero estranea. Chi è gioioso, chi sta bene, è molto delicato, sa che è un equilibrio fragile e probabilmente assai effimero e ha bisogno del nostro riconoscimento e sostegno. Tradizionalmente, è una pratica rivolta solo agli altri, ma anche in questo caso, come gioire della contentezza di un altro se non gioiamo della nostra? Accorgerci delle possibilità di gioia nella nostra vita, incamminarci alla ricerca della fonte della nostra gioia, apre il cuore alla riconoscenza, al grazie alla vita di per sé, alle sue delicatezze e ai suoi spintoni.

Dunque, possiamo allenarci a notare i nostri momenti di gioia e augurarci che possano durare. Una volta riconosciuta questa tonalità del nostro cuore, passiamo a inviare le frasi di *muditā* ad altri: che la tua gioia possa durare il piú a lungo possibile. E anche: che la tua buona fortuna possa durare il piú a lungo possibile. È importantissimo saper augurare agli altri la buona riuscita, il successo, perché è la cura della nostra celata e imprevedibile invidia. Sappiamo che il successo non vale molto, che può rivelarsi un danno e ha comunque le sue radici nell'illusione, ma essere riconosciuti è una gioia vera e cosí augurare a qualcuno che il suo successo possa durare è come diventare spazzini del proprio cuore. Quando sento che è faticoso per me farlo, riporto l'attenzione a me stessa e mi auguro: che io possa trovare la fonte della mia gioia. E scende una piccola pace sorridente. Chi è contento può augurare la gioia agli altri, chi non lo è deve prima occuparsi della sua scontentezza.

Si racconta che alla morte di un Maestro indiano, il mendicante che chiedeva l'elemosina al suo cancello scoppiasse a piangere, pur non avendolo mai sentito insegnare. E quando uno dei discepoli del Maestro gli chiese come mai lo amasse tanto, il mendicante rispose: «È che lui era triste quando ero triste e contento quando ero contento».

Frantumi

Il cuore è abitare tutto.

Sentire con consapevolezza è sentire senza sospetto.

Occasione di stare su un limite della coscienza, un luogo di rischio.

Postura del cuore: solido lasciarsi sorreggere (dal cuscino, dalla sedia, dal letto, cioè dalla terra), apertura del petto al mondo e all'infinito.

Il silenzio insegna a parlare, cuce chi sono con chi parla. Parlare come si è, aspettarla la parola, riceverla, lasciarsi improvvisare da lei, seguirla.

L'ansia è una gioia proibita.

Come si diventa delicati praticando, come si diventa vedenti e udenti e toccanti e frementi e assaporanti, come si annusa il mondo e gli umori di umani e non umani, come tutto è paesaggio.

Se senti e sai nelle vene che la morte non è solo tragedia e non è la fine se non dell'io e dei suoi timori, le convenzioni religiose e intellettuali non hanno piú tanto potere su di te e sul tuo pensiero, e ti senti molto sola e molto in compagnia di tutti gli esseri che si abbandonano al flusso: foglie, rami, montagne, onde, e cosí tanti animali, bambini e alcuni adulti, sciupati oppure lucenti.

In metrò, puoi inviare segretamente il bene a tutti, anziché decidere chi è bello o brutto, cattivo o buono, chi sta per mettere la bomba e chi per farti un sorriso.

Per anni ho creduto che la pratica di benevolenza fosse augurare a me e agli altri di essere felici, e la parola "felice" mi imbarazzava. Mi fa sentire inadeguata, mi fa sentire la forzatura di una distanza dal mondo, è una parola senza variazioni musicali. Poi ho scoperto che l'augurio negli scritti pāli del Buddha è: «Che io possa prendermi cura di me con gioia. Che tu possa prenderti cura di te con gioia». Sollievo!

La morte di mia sorella, l'ultima testimone della mia vita-prima, ha inserito in ogni incontro e in ogni relazione un congedo. Ora il congedo è scritto. Un haiku dice: «In ogni benvenuto c'è sempre un addio». Ma è vero anche il contrario: in ogni addio c'è nascosto un benvenuto. Di sicuro, a uno spazio aperto, a un vuoto piú ampio. La morte di qualcuno riscrive tutte le relazioni con quelli che restano. Che cosa resta?

Il vuoto

> Sorridendo, il vuoto annuisce
> con la sua testa enorme.
>
> NENSHO

È cosí complesso, cosí sfuggente e imprendibile. Eppure non posso non parlarne, è al centro del mio cuore e della mia ricerca. Che fare? Una lettera... forse.

Caro Vuoto,

quando chiudo gli occhi, si apre una dolce attesa. Pochi attimi e spunta una leggera brezza, un soffio di tenerezza che mi avvolge. Non ha nomi, eppure è ritorno a casa. Non ha tinte, eppure è un luogo luminoso. Non ha confini, ma mi sento al sicuro e insieme aperta a tutto, totalmente esposta e per questo protetta, perché non ho piú niente da perdere. Non c'è nessuno, nemmeno io, eppure mi sento amata, chiamata per nome, un nome senza lettere dell'alfabeto, scritto nelle cellule piú antiche di me, riconosciuta, accolta con festa. C'è immensa pacatezza, eppure intensità costante, come il suono del vento in alta montagna. Non ci sono contenuti

ma mi sento contenuta e non ci sono opposti. Le domande sorridono, le risposte si sciolgono come neve e gocciolando fanno solletico al cuore. Sei tu?
Dammi la tua parola.

Nel percorso di cambiamento della meditazione, succede che molte parole della nostra vita cambino di segno, rinascano, svaniscano. I vecchi spaventati significati si disinnescano. Come succede con la parola "morte" che capiamo di non capire, sentiamo che indica una paura depositata dai secoli su un'esperienza che resta sconosciuta, una soglia che non sappiamo come varcare. E man mano, il senso di mistero prende piú spazio in noi della paura dell'ignoto e del dolore della perdita, senza cancellarli ma ospitandoli in un vasto silenzio.

Cosí è anche per la parola "vuoto", piano piano un'esperienza prende il posto di una convinzione o di una convenzione. Ci familiarizziamo con una visita che diventa una dimora senza muri, né confini. Facciamo dell'infinito casa.

È importante non sostituire ai vecchi concetti nuovi concetti, sarebbe solo una piccola, pedante riforma, mentre il Dharma ci propone un'immensa rivoluzione interiore.

Il vuoto

Soffro di vertigini e il vuoto mi chiama e mi terrorizza insieme. Non è di quel vuoto che parlo.

Ho conosciuto momenti di radicale annullamento, senza nome, senza forma, cercare disperatamente di raccogliere cocci di me. Non è di quel vuoto che parlo.

La parola sanscrita *śūnyatā* viene tradotta con "vacuità", probabilmente proprio per distinguerla dal vuoto come lo intendiamo noi occidentali, vuoto di qualcosa o di qualcuno, mancanza. La sua radice si trova nel termine sanscrito *shvi* che significa "gonfiarsi" come si gonfia un seme. «La traduzione letterale di śūnyatā è quella di un utero gravido: vuoto, nutritivo, fertile e pieno dell'intero mondo»[1].

Quello di cui voglio scrivere non è un discorso dottrinario sulla vacuità all'interno della visione del Buddha, ma un'esperienza viva e personale che orienta diversamente i fatti della vita, le sue visioni, e le riconduce a una misura molto diversa da quella basata sui pieni. Entro in una stanza e noto le persone, gli oggetti, tutto quello che la riempie. Ma pur non sapendolo, sto ricevendo anche il suo spazio vuoto. E uno spazio vuoto tra-

---

[1] M. Epstein, *La continuità d'essere*, Ubaldini, Roma 2002, p. 32.

smette molte informazioni e, che lo sappia o no, le ricevo. Lo spazio vuoto è quello che permette alle persone e agli oggetti di entrare in relazione. Lo spazio vuoto separa e collega. Non siamo abituati a percepirlo, a vederlo, a riceverlo. Man mano che meditando lasciamo che i pensieri sorgano, transitino e passino, come nuvole in un cielo ampio, entriamo in confidenza con lo spazio aperto, con la vastità dello sfondo, e man mano questo spazio da semplice sfondo diventa sostanza di ogni cosa, non è piú che il vuoto sta dietro ogni cosa, è che ogni cosa è vuoto.

Ma ci vuole intimità con questo vuoto per sapere che niente va perduto, che il vuoto è creatore, informa, vibra, trasmette, accoglie, fa sentire a casa. Come in un insegnamento zen che invita a percepire prima il silenzio tra due note musicali, poi il silenzio delle note stesse. Posso entrare in contatto non solo con il vuoto perspicace tra due pieni, tra me e te, ma anche con il vuoto di te, di me, con il soffio senza nome e senza forma che ci fa. Sembra molto mistico, ma l'esperienza è fisica, corporea, bambina. È qualcosa che conoscevo da piccola correndo. Ero velocissima, tanto che mio fratello mi faceva sfidare i fratelli dei suoi compagni, puntavano su di me e io schizzavo come un fulmine e battevo tutti. Ma il mio segreto era che non volevo schiene davanti, puntavo al vuoto, volevo solo spazio davanti a me, allora non è piú che corressi, ero corsa, scivolavo in avanti a petto spalancato verso un'apertura. Quando la ripetizione e la forzatura o peggio la competizione hanno cercato di prendere il posto di questa esperienza, ho perso ogni gioia e non ho piú saputo correre cosí forte, perché non sapevo di aver perso il vuoto. Ma è rimasta l'esperienza di giocarmi solo per il grande spazio, di rinunciare alle esperienze che mi chiedono poco, che mi chiedono una perdita di vastità.

La misura dell'esperienza è cambiata per sempre entrando in contatto profondo con il vuoto. Spesso, le esperienze dolorose di perdita e di abbandono, se percepite senza nome e senza giudizio, si trasformano in formidabili esperienze di contatto con qualcosa che conta piú di noi, che è piú di me e di te, e anche di quel di piú di te e me che è noi, qualcosa che non è una somma ma una sottrazione, sottrazione di peso, di misura, di nome, di forma, e che non comporta alcuna perdita di identità, ma anzi ci rinasce. Qualcosa di radicale che percepiamo nella comparsa di un neonato e nella sparizione di un essere che muore. Sono tante le esperienze soglia, ogni giornata ne è costellata, come fanno le stelle con il cielo, ma le scartiamo, le ignoriamo, scappiamo a cento all'ora. Se ci fermiamo, invece, se arrestiamo la reattività convenzionale e ci posiamo sull'esperienza come un uccello sul ramo, allora...

Assomiglia a vivere misurandosi sulla morte, assomiglia ad aprire la parola "morte", guardarci dentro e scoprire i semi di una melagrana, nascono nuove esperienze e comprendiamo che se leviamo dalla parola la sicurezza di un termine ultimo, di un muro, diventiamo liberi da ogni tentativo di sopraffazione e di manipolazione da parte di qualsiasi forma di pensiero prepotente e precostituito; non pensiamo piú, percepiamo e riflettiamo, ci avventuriamo nell'ignoto come esploratori nudi. Ma bisogna partire da qui, da esperienze minuscolissime, togliere il nome a quello che ci colpisce, sentirlo come nuovo dentro a uno spazio piú grande del fenomeno, dentro a un'accoglienza senza discussioni e senza etichette, senza preferenze. Il sapore della morte, della perdita, dell'abbandono, il sapore dell'incontro, della gioia, della creazione, gli innumerevoli sapori dell'esperienza umana.

Quando respiriamo, sapendo di respirare, spesso facciamo molta piú attenzione all'inspirazione che all'espirazione e ancor meno alle pause tra un'inspirazione e un'espirazione e tra un'espirazione e un'inspirazione. Eppure, è magico accorgersi di poter sentire il respiro che se ne va nel grande mondo, che ci lascia, e ancor piú accorgerci di essere vivi e consapevoli nelle pause senza respiro, nei vuoti. Allora...

Il vuoto è conoscitore di mondi. Non tiene archivi, ma come uno sfondo luminoso di silenzio amplifica quel che di noi non è ancora vuoto, non è ancora liberato, come fa la luce tersa del mattino con i piú minuti particolari di un paesaggio.

Noi amiamo il modo in cui i bambini parlano, come dei piccoli profeti, perentori e assoluti. Il fatto è che i bambini frequentano molto il vuoto, l'hanno lasciato da poco e hanno poche opinioni, scarse esperienze a cui fissarsi, per cristallizzare il pensiero in concetti, e il vuoto è fluido, i bambini sono emissari del vuoto.

Nāgārjuna, filosofo e monaco buddhista indiano, vissuto tra il II e il III secolo d.C., ha scritto: «I Buddha dicono che la vacuità è l'eliminazione di tutte le opinioni. Coloro per cui anche la vacuità è un'opinione sono inguaribili»[2].

Dunque, la vacuità non è un concetto e si è inguaribili se la si riduce a un concetto, perché ancora una volta finiremo per non vivere un sapere che ci trasforma ma per ingessare un discorso che ci conferma.

La fine di tutte le opinioni significa scorrere in costante flusso con la corrente della vita, con la Via. La vacuità non è uno stato, è un percorso, e le opinioni che vanno frantumandosi nel camminare sulla Via sono i nostri concetti fondamentali, i nostri assiomi, come la nascita, la morte, la solidità di un centro immutabile in noi e in quello che ci circonda. L'idea di uno e quella di molti. La vacuità è una lode alla non dualità. E al silenzio.

È dinamica e trasforma senza avvertirci, lentamente, come una pioggia fine che ci inzuppa. Quasi sempre, noi non incontriamo gli

---

[2] NĀGĀRJUNA, *Madhyamakakārikā*, cap. XIII, strofa 8, in S. Batchelor, *Verses from the Center*, Riverhead Books, New York 2000, p. 103.

altri, ma le opinioni che abbiamo su di loro; non incontriamo le loro visioni ma la nostra reazione alle loro visioni, non usciamo quasi mai dallo schema della ragione e del torto. Perdere questa fissità trasforma ogni secondo della vita, senza strepito.

Nella visione del Buddha non esiste l'alternativa drammatica e ristretta della nostra concettualità dualistica tra la dipendenza e l'indipendenza, sono solo fissazioni, nella sua visione camminante esiste come trama al di sotto di tutti i fenomeni l'interdipendenza, o interconnessione, ed è proprio questa la vacuità.

«"Ānanda, tra gli elementi interconnessi che hanno fatto sí che la ciotola esista, vedi l'acqua?"

"Certo, signore. Il vasaio ha avuto bisogno di acqua per impastare l'argilla e modellare la ciotola".

"Dunque l'esistenza della ciotola dipende dall'esistenza dell'acqua. Inoltre, Ānanda, vedi l'elemento fuoco?"

"Certo, signore. È stato necessario il fuoco per cuocere l'argilla, dunque vedo in essa fuoco e calore".

"Che altro vedi?"

"Vedo aria, senza la quale il fuoco non si sarebbe acceso e il vasaio non avrebbe respirato.

Vedo il vasaio e l'abilità delle sue mani. Vedo la sua coscienza. Vedo il forno e la legna che l'ha alimentato. Vedo gli alberi che hanno fornito la legna. Vedo la pioggia, il sole e la terra che hanno fatto crescere gli alberi. Signore, vedo migliaia di elementi interconnessi che hanno concorso alla formazione di questa ciotola".

"Eccellente, Ānanda! Contemplando questa ciotola si vedono in essa gli elementi interdipendenti che le hanno dato origine. Questi elementi, Ānanda, sono all'interno e all'esterno della ciotola. Un elemento è la tua stessa coscienza. Ānanda, se tu togliessi il calore per restituirlo al sole, se restituissi l'argilla alla terra, l'acqua al fiume, il vasaio ai genitori e la legna alla foresta, esisterebbe ancora la ciotola?"

"No, signore. Restituendo alla loro origine gli elementi che hanno concorso alla formazione della ciotola, questa non esisterebbe piú"»[3].

Mi sembra un cantico delle creature, del legame e del flusso, dei fondali e delle onde, dei pieni e dei vuoti.

Il Maestro thailandese Ajahn Chah beveva il tè sempre dalla stessa tazza, la sua tazza

---

[3] *Saṃyutta Nikāya*, XXXV, 84.

preferita. Un giorno, un discepolo gli chiese: «Ma tu non ci insegni il non attaccamento? Perché hai una tazza preferita?» E Ajahn Chah gli rispose: «Ah sí, è la mia tazza preferita, ma vedi, per me è già rotta».

La quotidiana frequentazione del vuoto è lasciarsi istruire dal vuoto.

Le attese di cui la nostra giornata è seminata sono possibilità di lasciar andare ogni pensiero, anticipazione, reazione, e sentire, percepire nel corpo la pausa che è soglia di vuoto. Attese respirate.

Quando qualcuno arriva, quando qualcuno se ne va, sostare prima del suo apparire e dopo il suo scomparire, non perdere i momenti di transizione.

Aver fame e attardarsi a sentire com'è quel vuoto che tutto il corpo grida di voler riempire.

Essere stanchi e aprirsi ad assaporare com'è il bisogno di buttarsi nel baratro soffice dell'assenza, nel sonno.

Bere una tazza di tè e contemplarla quando resta vuota.

Inchinarsi vuoti al vuoto, nel toccare la terra con la fronte, sfilarsi pensieri, preoccupazioni, ansie, timori e non sostituirli con altre attese e altri concetti, entrare nella meraviglia della prima volta.

Ma non solo, le azioni possono nascere dal vuoto e trasformare una reazione in una risposta. Sostando nel vuoto di un'attesa, possiamo accorgerci che è ingiusta, che nasconde una prepotenza o un sopruso e ribellarci, rispondere con giustezza.

E vale per tutto il resto, imparo a dire quando temo di essere respinta ma so che è giusto dire, a mangiare quando ho fame e a dormire quando ho sonno, ad abbracciare con slancio, a dire: «Mi mancherai».

Ogni arte è un pieno che traccia un vuoto: la danza lo disegna, la musica lo risuona, la poesia sospende la parola e non ne garantisce il ritorno, non solo con gli a capo, ma anche con la sospensione del senso comune, la scultura toglie la materia per far apparire dal vuoto la forma, la pittura traccia nel vuoto i contorni dei pieni.

Il linguaggio del Buddha è senza certezze né sicurezze, non delinea mai un'affermazione che possa essere cementata in un concetto, in una fissazione, spesso parla al negativo; elencando tutto quello che qualcosa non è si arriva a intuire cosa possa essere per sottrazione, come Michelangelo che diceva che per scolpire un elefante, levava tutto quello che non è elefante. Cosí, non solo scoraggia l'attaccamento ai concetti e alle sicurezze del convenuto e a non crearne di nuovi, ma delinea la possibilità di un percorso dove all'invito di: «Vieni e vedi», possiamo rispondere solo mettendoci in cammino e scoprendo con i nostri occhi la realtà.

La completa liberazione, la meta ultima della Via, è il *Nibbāna*. La parola è formata da *nis* e *vāna*. *Nis* è una particella negativa e *vāna* significa "brama", la fine della brama, il non attaccamento. Fine della nostra divorante fame, della nostra infuocata sete.

Passo passo, respiro dopo respiro inoltrandoci nel non-conosciuto.

Da una lettera di Rilke a Ilse Erdman:

9 ottobre 1916

Cara Ilse,

[...] Al di fuori di una poesia, di un quadro, di una metafora, di una architettura o di una musica, la sicurezza si può raggiungere forse solo a costo di una ben precisa limitazione di sé, chiudendosi nel recinto di una porzione di mondo che si conosce e si è scelta, in un ambiente che ci è noto e comprensibile, nel quale sia possibile disporre di sé in modo efficace e immediato. Ma possiamo davvero desiderare una condizione del genere? La nostra sicurezza deve invece in qualche modo trasformarsi in una relazione con il tutto, con il mondo nel suo complesso; essere sicuri per noi significa conoscere l'innocenza del torto e accettare la capacità del dolore di tramutarsi in forma; significa rifiutare i nomi per onorare, come fossero nostri ospiti, i singoli collegamenti e legami che il destino nasconde dietro ogni nome; significa nutrimento e rinuncia fino a sprofondare nello spirito, [...] significa non sospettare di nulla, non tenere nulla a distanza, non considerare nulla come un Altro irriducibile, significa spingersi oltre ogni concetto di proprietà e vivere di acquisizioni spirituali e mai di possessi reali [...]. Questa sicurezza tutta da osare accomuna le ascese e le cadute della nostra vita e in questo modo dona loro un senso. Accogliere la vastità dell'insicurezza: in un'infinita insicurezza anche la sicurezza diviene infinita. [...][4].

---

[4] R. M. Rilke, *La vita comincia ogni giorno*, L'orma, Roma 2017, p. 53.

Quello che cercano i cani

Un cane correva e correva in cerca della sua mancanza. Non sapeva di correre verso il mare. Seguiva il corso di un fiume, di odore in odore.

Arrivato alla foce, guardò il fiume morire nel mare e sentí una grande, familiare nostalgia.

In quel momento, una foglia si staccò dal ramo di un albero e volò sopra la sua testa. Il cane fu a casa. Né ciotola né osso.

Nota al testo.

Due scritti presentati in questo libro sono già comparsi nella nuova serie della «Rivista di psicologia analitica». Si tratta di *La stanza della meditazione* (LXXX, 2009, n. 28, *L'anima dei luoghi*, pp. 133-47) e *Quando la paura bussa, apri* (LXXXVIII, 2013, n. 36, *Paure della contemporaneità*, pp. 21-32).

Dediche.

Certe volte, quando sono smarrita o mi sento sola, canto i vostri nomi, cari Maestri semplici come fili d'erba: Ajahn Sumedho, Ajahn Munindo, Ajahn Chandapalo, Ajahn Sucitto, Ajahn Abhinando, Ajahn Mahapannyo...

Grazie ad Antonella Tarpino dell'Einaudi, che ha avuto l'idea del libro e mi ha accompagnato, nei momenti critici, «vacanze o non vacanze».

*Einaudi usa carta certificata PEFC
che garantisce la gestione sostenibile delle risorse forestali*

*Stampato per conto della Casa editrice Einaudi
presso ELCOGRAF S.p.A. - Stabilimento di Cles (Tn)*

C.L. 23760

Ristampa							Anno			
11	12	13	14	15	16		2022	2023	2024	2025

Vele

1. Carlo Maria Martini e Gustavo Zagrebelsky, *La domanda di giustizia*
2. Ulrich Beck, *Un mondo a rischio*
3. Luciano Gallino, *La scomparsa dell'Italia industriale*
4. Amos Luzzatto, *Il posto degli ebrei*
5. Marco Revelli, *La politica perduta*
6. Salvatore Settis, *Futuro del 'classico'*
7. Mario Perniola, *Contro la comunicazione*
8. Marco Aime, *Eccessi di culture*
9. Walter Barberis, *Il bisogno di patria*
10. Abraham B. Yehoshua, *Antisemitismo e sionismo*
11. Sergio Luzzatto, *La crisi dell'antifascismo*
12. Alberto Melloni, *Chiesa madre, chiesa matrigna*
13. Monique Selz, *Il pudore. Un luogo di libertà*
14. Marco Belpoliti, *Crolli*
15. Mario Lavagetto, *Eutanasia della critica*
16. Wolfgang Sofsky, *Rischio e sicurezza*
17. Ignazio R. Marino, *Credere e curare*
18. Gustavo Zagrebelsky, *Principî e voti*
19. Samir Kassir, *L'infelicità araba*
20. Guglielmo Epifani e Vittorio Foa, *Cent'anni dopo*
21. Alberto Melloni, *L'inizio di papa Ratzinger*
22. Enzo Bianchi, *La differenza cristiana*
23. Roberto Toscano, *La violenza, le regole*
24. Telmo Pievani, *Creazione senza Dio*
25. Paul Ginsborg, *La democrazia che non c'è*
26. Hans Magnus Enzensberger, *Il perdente radicale*

27. Luigi Bobba, *Il posto dei cattolici*
28. Gadi Luzzatto Voghera, *Antisemitismo a sinistra*
29. Orhan Pamuk, *La valigia di mio padre*
30. Roberto Weber, *Perché corriamo?*
31. Aldo Schiavone, *Storia e destino*
32. Marcello Flores, *1917. La Rivoluzione*
33. Giovanni Moro, *Anni Settanta*
34. Fulvio Gianaria e Alberto Mittone, *L'avvocato necessario*
35. Alfonso Berardinelli, *Poesia non poesia*
36. Hans Magnus Enzensberger, *Nel labirinto dell'intelligenza*
37. Marco Romano, *La città come opera d'arte*
38. Simona Argentieri, *L'ambiguità*
39. Fabio Mini, *Soldati*
40. Ian McEwan, *Blues della fine del mondo*
41. Tariq Ramadan, *Islam e libertà*
42. Antonio Pascale, *Scienza e sentimento*
43. Vittorio Gregotti, *Contro la fine dell'architettura*
44. David Bidussa, *Dopo l'ultimo testimone*
45. Luigi Zoja, *La morte del prossimo*
46. Enzo Bianchi, *Per un'etica condivisa*
47. Luciano Violante, *Magistrati*
48. Mario Perniola, *Miracoli e traumi della comunicazione*
49. Giancarlo Gaeta, *Il Gesú moderno*
50. Wolfgang Sofsky, *In difesa del privato*
51. Aldo Schiavone, *Spartaco. Profilo di un'icona*
52. Marco Aime e Anna Cossetta, *Il dono al tempo di Internet*
53. Enzo Bianchi, *L'altro siamo noi*
54. Vittorio Gregotti, *Tre forme di architettura mancata*
55. Guido Samarani, *Cina, ventunesimo secolo*
56. Walter Barberis, *Il bisogno di patria*
57. Simona Argentieri, *A qualcuno piace uguale*
58. Edmondo Berselli, *L'economia giusta*
59. Marco Revelli, *Poveri, noi*
60. Paul Ginsborg, *Salviamo l'Italia*
61. Gustavo Zagrebelsky, *Sulla lingua del tempo presente*

62. Anna Bravo e Federico Cereja, *Intervista a Primo Levi*
63. Sergio Luzzatto, *Il crocifisso di Stato*
64. Tomaso Montanari, *A cosa serve Michelangelo?*
65. Mario Vargas Llosa, *Elogio della lettura e della finzione*
66. Gian Luigi Beccaria, *Mia lingua italiana*
67. Gianfranco Marrone, *Addio alla natura*
68. Ernesto Galli della Loggia e Aldo Schiavone, *Pensare l'Italia*
69. Aldo Bonomi ed Eugenio Borgna, *Elogio della depressione*
70. Carlo Galli, *Il disagio della democrazia*
71. Gilberto Corbellini, *Scienza, quindi democrazia*
72. Stefano Levi Della Torre, *Laicità, grazie a Dio*
73. Carlo Maria Martini e Ignazio Marino, *Credere e conoscere*
74. Andrea Segrè, *Economia a colori*
75. Gustavo Zagrebelsky, *Simboli al potere*
76. Adriana Zarri, *Teologia del quotidiano*
77. Giuseppe Ruggieri, *Ritrovare il concilio*
78. Carlo De Benedetti, *Mettersi in gioco*
79. Giorgio Airaudo, *La solitudine dei lavoratori*
80. Hans Magnus Enzensberger, *Il mostro buono di Bruxelles*
81. Marco Revelli, *Finale di partito*
82. Ugo Mattei, *Contro riforme*
83. Luciano Violante, *Politica e menzogna*
84. Aa.vv., *In difesa della psicoanalisi*
85. Enzo Bianchi, *Fede e fiducia*
86. Gustavo Zagrebelsky, *Fondata sul lavoro*
87. Giovanni De Luna, *Una politica senza religione*
88. Vito Teti, *Maledetto Sud*
89. Alberto Melloni, *Quel che resta di Dio*
90. Gustavo Zagrebelsky, *Fondata sulla cultura*
91. Diego Marconi, *Il mestiere di pensare*
92. Nando dalla Chiesa, *Manifesto dell'Antimafia*
93. Fulvio Gianaria e Alberto Mittone, *Culture alla sbarra*

94. Enzo Bianchi, *Dono e perdono*
95. Eugenio Borgna, *La fragilità che è in noi*
96. Roberto Esposito, *Le persone e le cose*
97. Carlo Ratti (con Matthew Claudel), *Architettura Open Source*
98. Salvatore Settis, *Se Venezia muore*
99. Luciano Violante, *Il dovere di avere doveri*
100. Barbara Spinelli, *La sovranità assente*
101. Michele Ainis, *La piccola eguaglianza*
102. Tomaso Montanari, *Privati del patrimonio*
103. Franco La Cecla, *Contro l'urbanistica*
104. Ugo Mattei, *Il benicomunismo e i suoi nemici*
105. Chimamanda Ngozi Adichie, *Dovremmo essere tutti femministi*
106. Francesco Cassata, *Eugenetica senza tabú*
107. Eugenio Borgna, *Parlarsi*
108. Mario Perniola, *L'arte espansa*
109. Simona Argentieri e Nicoletta Gosio, *Stress e altri equivoci*
110. Roberta De Monticelli, *Al di qua del bene e del male*
111. Vito Teti, *Fine pasto*
112. Gustavo Zagrebelsky, *Senza adulti*
113. Eugenio Borgna, *Responsabilità e speranza*
114. Maurizio Ferraris, *Emergenza*
115. Paul Ginsborg e Sergio Labate, *Passioni e politica*
116. Alain Badiou, *Il nostro male viene da piú lontano*
117. Michela Murgia, *Futuro interiore*
118. Valerio Calzolaio e Telmo Pievani, *Libertà di migrare*
119. Paolo Di Paolo, *Tempo senza scelte*
120. Amalia Signorelli, *La vita al tempo della crisi*
121. Diego Fusaro, *Pensare altrimenti*
122. Maurizio Bettini, *A che servono i Greci e i Romani?*
123. Silvia Vegetti Finzi, *L'ospite piú atteso*
124. Gustavo Zagrebelsky, *Diritti per forza*
125. Marco Revelli, *Populismo 2.0*
126. Salvatore Settis, *Architettura e democrazia*
127. Donatella Di Cesare, *Terrore e modernità*
128. Luciano Violante, *Democrazie senza memoria*

129. Luigi Zoja, *Nella mente di un terrorista. Conversazione con Omar Bellicini*
130. Tomaso Montanari e Vincenzo Trione, *Contro le mostre*
131. Leonardo Caffo, *Fragile umanità*
132. Roberto Mordacci, *La condizione neomoderna*
133. Massimo Mantellini, *Bassa risoluzione*
134. Stefano Feltri, *Populismo sovrano*
135. Francesca Rigotti, *De senectute*
136. John R. Searle e Maurizio Ferraris, *Il denaro e i suoi inganni*
137. Kazuo Ishiguro, *La mia sera del Ventesimo secolo e altre piccole svolte*
138. Donatella Di Cesare, *Marrani. L'altro dell'altro*
139. François Jullien, *L'identità culturale non esiste*
140. Eugenio Borgna, *La nostalgia ferita*
141. Luigi Zoja, *Vedere il vero e il falso*
142. Vittorio Lingiardi, *Diagnosi e destino*
143. Chandra Livia Candiani, *Il silenzio è cosa viva. L'arte della meditazione*

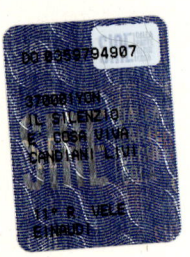